EL PAIS

# Cataluña

*Viajar significa escapar de la rutina, descubrir nuevas rutas, admirar paisajes con encanto, adentrarse en lugares con magia y, siempre, el placer de ampliar nuestros horizontes.*

*Y es que viajar es un placer y convertirse en viajero toda una aventura.*

*En* ***Repsol YPF*** *sabemos que la curiosidad y el saber son el motor de muchos viajes. Por eso, nos preocupamos por ofrecer los mejores productos y servicios para que los desplazamientos se efectúen siempre cómodamente y en las mejores condiciones.*

*Esta firme orientación al servicio es la que nos ha llevado a editar la* ***Guía Campsa****, una guía que goza de un prestigio y reconocimiento unánimes que la sitúan, sin duda, como la más completa de España.*

*Un compromiso que también nos impulsó a lanzar* ***repsolypf.com****, un portal líder que es ya un referente en internet a la hora de planificar las rutas y preparar el viaje.*

*Experiencia y vocación que hoy nos lleva a colaborar con* ***El País*** *en la edición de esta magnífica colección de* ***Guías El Viajero*** *que tiene en sus manos.*

# Cataluña

LA COSTA

**EL PAIS**

# El Viajero

**CATALUÑA II**
**Textos:** Javier Echenagusia y María Unceta. **Fotografía:** Archivo Nature & Travel (Rafael Delgado, Nano Cañas, Juan Carlos Muñoz, Guillermo Rodríguez, Kyosti Kauppinen, Jesús Gayo, Enrique López Tapias, José Benito Ruiz, José Ramón San Sebastián y José Latova) y Oriol Alamany con la colaboración de Alberto Paredes.

**COLECCIÓN**
**Proyecto y contenidos de la colección:** C&M Iniciativas de Comunicación. **Dirección:** César Hernández. **Coordinación:** Antonio Cortijo y Esperanza Moreno. **Redacción y documentación:** Ignacio Velázquez, Rodrigo Gil, Arancha Gómez y Elena Llamazares. **Archivo y tratamiento de imágenes:** Yeyo Delgado, Cristina San Deogracias, María Luisa Saornil, Alicia Lopesino y Elisa Castaño.

**Diseño de la colección:** Manuel Estrada.

**Balnearios:** Teresa Pacheco. **Casas rurales:** Paco Nadal. **Hoteles y paradores:** Fernando Gallardo. **Monasterios:** Paca Arceo. **Restaurantes:** José Carlos Capel. **Director de realización:** Víctor Benayas. **Coordinación editorial:** Paca Arceo. **Coordinación de maquetación:** Fernando de Santiago. **Maquetación:** Javier Gutiérrez, David Rico, Obdulia Zamora, A. Domingo Sánchez, Manuel Prieto, V. Sanz Egea y Mercedes Sánchez.

**Edición gráfica:** Marieta Pedregal y Elisa R. Mira. **Corrección de textos:** Sandra Barbero, Rafael Díaz Ayala, Carlos García, Javier Olmos, Natalia Pérez y José Miguel Torrente. **Ayudante de corrección:** Cristina Moreno. **Índices:** Carmen Bermúdez. **Mapas:** Jorge Redondo, Manuel Pizarro/ZAK studio.

# Sumario

EL PAIS
**El Viajero**

De esta edición:

Miguel Yuste, 40, 28037 Madrid


ISBN: 84-9815-093-0
ISBN obra completa: 84-9815-108-2
Depósito legal: M-15.001-2005
Impreso en España por Mateu-Cromo, Pinto (Madrid), en mayo de 2005



# Introducción

A EFECTOS TURÍSTICOS, la costa de Cataluña, protegida por la cordillera litoral y bañada por el Mediterráneo, se extiende a lo largo de unos 580 kilómetros. Ya sea brava, dorada o marisma, el trenzado de calas, playas, pueblos y cantiles son una seña de identidad, un espacio que parece inventado para el recreo, animado refugio de artistas –Dalí, Pla, Chagall, Rusyñol– cuyos nombres han hecho historia. La cordillera costera se funde con el acantilado desde Llançà hasta el Vendrell, con el reposo barcelonés. En esta excepcional línea, la Costa Brava, litoral marinero, ofrece múltiples propuestas: un

paisaje bronco y quebrado, al que debe su nombre, un clima suave, el mar, un cielo transparente. Y un rosario de pueblos llenos de encanto desplegados por su breve interior, además de una cocina que figura en los puestos de cabeza del universo gastronómico.

Barcelona es punto y aparte, ciudad de referencia en todo el planeta: cosmopolita, abierta, luminosa. Mantiene viva su historia en las piedras del Barri Gòtic; el ensanche de Cerdà inaugura un modelo de ciudad mediterránea estudiada en las escuelas de urbanismo de medio mundo, y el modernismo es un estilo casi propio, la huella de Gaudí. Por su parte, la Barcelona actual presume de ser la capital indiscutida del diseño, con un envidiable modelo de renovación urbana.

Casi colgada de Barcelona, Sitges es la capital del desenfado. Y más allá Tarragona, asomada al Mediterráneo, afortunada síntesis de la Tarraco romana y la ciudad medieval. Hacia el sur, la dulce Costa Daurada, de largas y blancas playas; y para dar fin a este periplo casi marinero, el Delta de l'Ebre y la vecina Tortosa.

# Cómo utilizar esta guía

**Código de colores**
El cambio de color indica el paso de una provincia a otra

**Pictograma**
Código que indica en cada doble página si se trata de un paraje natural, un pueblo con encanto, un espacio urbano, un museo, un monumento, un sitio arqueológico u otro lugar de interés

**Lo esencial**
Doble página que reúne los puntos más significativos de poblaciones destacadas. Algunos de esos puntos se desarrollan en las páginas siguientes

**Alojamientos con encanto**
Se incluyen los establecimientos con encanto situados en la localidad o zona

**Localización**
Se indica la población o la zona geográfica y/o la provincia

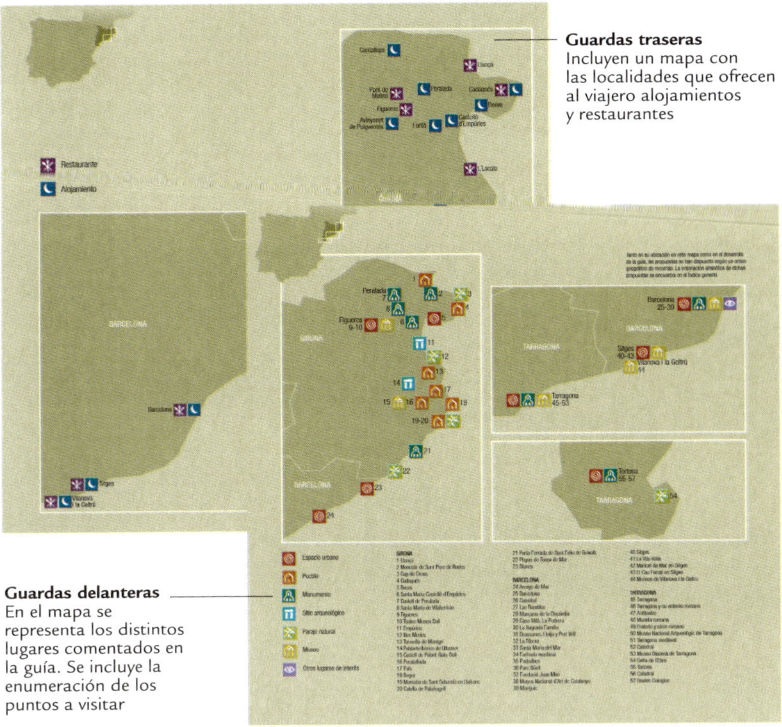


**Guardas traseras**
Incluyen un mapa con las localidades que ofrecen al viajero alojamientos y restaurantes

**Guardas delanteras**
En el mapa se representa los distintos lugares comentados en la guía. Se incluye la enumeración de los puntos a visitar

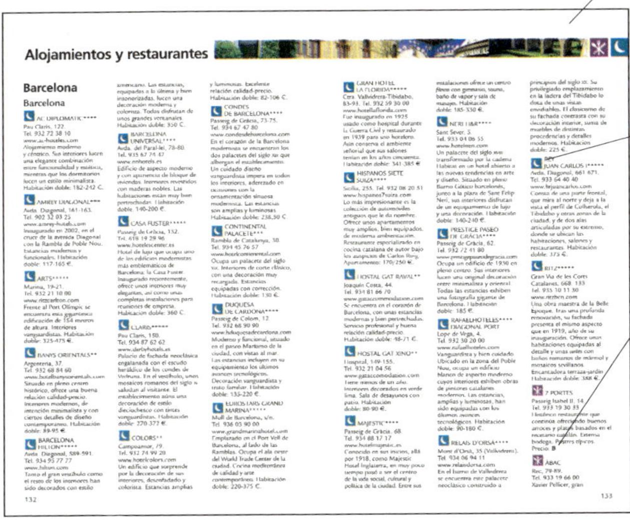


**Guía de alojamientos y restaurantes**
Las páginas finales contienen el listado de alojamientos y restaurantes de la zona

**Pictograma**
Cada establecimiento va precedido de un pictograma que indica si se trata de un hotel o de un restaurante

**Precio**
El precio de los restaurantes se indica mediante las letras A, B, C o D en función de la franja de precios que abarque. *(Ver pág. 131)*

# Llançà

**Dos núcleos forman la localidad: el pueblo,** tradicional, rodeado de viñas y a un kilómetro de la costa, y el puerto, centro de veraneo de ambiente cosmopolita, desarrollado en el entorno de las playas. Llançà es, por su situación en una abierta bahía, un lugar bellísimo con aguas cristalinas, pero frecuentemente azotado por el viento de la tramontana que sopla en esta zona norte de la Costa Brava.

## Plaça Major

La plaza Mayor es un espacio animado en el que confluyen diversas épocas de la historia de la población. En un lado, la torre del que fue castillo-residencia de los abades del cercano monasterio de Sant Pere de Rodes; en otro, el campanario de una antigua iglesia románica, y, finalmente, la fachada barroca de Sant Vicenç.

## Port de Llançà

La imagen de las embarcaciones mecidas más o menos suavemente por las olas es habitual en este cotizado puerto deportivo. Las urbanizaciones costeras y el puerto se construyeron en la zona que ocupaba un barrio de pescadores. Varias playas de buena arena se extienden en los 7 kilómetros de litoral.

## Arbre de la Llibertat

Este plátano de enormes dimensiones y densa copa tiene 320 años. La fecha en que fue plantado, en la Plaça Major, figura en la base de mármol que rodea su tronco, junto con el escudo de la villa. El Árbol de la Libertad es un orgullo para los habitantes de Llançà.

INFORMACIÓN

Ayuntamiento de Portbou
Tel. 972 39 02 84

ALREDEDORES

## Portbou

El entorno de la población más septentrional de la Costa Brava refleja el accidentado relieve pirenaico, evidente en su costa sur, bellísima, acantilada y tortuosa. Una carretera de vértigo enlaza Portbou con el vecino pueblecito de Cólera. Portbou, nudo ferroviario con una estupenda estación modernista de 1929, es un lugar fronterizo y una transitada localidad en la que se habla indistintamente el francés y el castellano pero en el que las gentes se entienden sobre todo en catalán. En su cementerio está enterrado el pensador alemán Walter Benjamin, muerto en un hotel en 1940, cuando huía de la persecución nazi.

# Monestir de Sant Pere de Rodes

EL ORIGEN DE ESTA IMPRESIONANTE ABADÍA, emplazada en un lugar espectacular del territorio del Parc Natural del Cap de Creus, parece situarse en un templo romano. Documentos que datan del siglo IX confirman la existencia aquí de un primitivo habitáculo de eremitas y, ya en el X, de un monasterio benedictino que llegó, con el tiempo, a acumular grandes territorios e importantes riquezas artísticas.

## Un monasterio colgado del mar

Desde Sant Pere de Rodes, en la sierra de Verdera, se domina un amplio panorama del entorno del Cap de Creus; la visión en días claros abarca hasta el golfo de León. Está rodeado de rocas, pinos y silencio, y desde el lugar donde se encuentra, la ladera abrupta baja hasta el mar a través de senderos.

## Iglesia abacial

La fachada está dominada por una espléndida torre-campanario románica de cuatro alturas y una torre cuadrada ciega, de carácter defensivo.
En el interior románico-gótico, de tres naves, el foco de atención está en la bóveda central, reforzada por arcos sobre grandes pilares y columnas con capiteles corintios.

## Claustro

Se accede desde el lado derecho del crucero de la iglesia. Hacia él convergían las principales dependencias del monasterio: el refectorio, la sala capitular y la biblioteca, entre otras. Es del siglo XII, como buena parte de la iglesia, y sus galerías con columnas aún conservan algunos capiteles.

INFORMACIÓN
Tel. 972 38 75 59

ALREDEDORES

## El Port de la Selva

Este pequeño puerto pesquero mantiene, pese a su indudable atractivo turístico, todo su encanto. El casco urbano, un buen conjunto de arquitectura popular, baja hasta el puerto, y la pequeña playa donde se posan las barcas de los pescadores y las calles del pueblo son una delicia. La calle principal porticada es el eje principal de un dédalo de callejuelas con pequeños comercios y casas encaladas. Por encima del caserío se levantan los muros de piedra con potentes contrafuertes y la espadaña y la torre blanquísimas de la iglesia de Santa Maria de les Neus, declarada Monumento Histórico-Artístico.

## Cap de Creus

**La última estribación de los Pirineos cae** sobre el mar de forma abrupta en este promontorio rocoso que se proyecta hacia el Mediterráneo. De imagen áspera y azotado por los vientos, está dotado sin embargo de una sobrecogedora belleza que atrajo a artistas y compositores. Las carreteras que avanzan sobre el cabo son sinuosas y bordean precipicios. En lo alto, el faro preside un paisaje de áspero lunar.

## Parc Natural del Cap de Creus

La superficie del parque abarca 13.886 hectáreas —un cuarto de ellas corresponden a la zona marina— localizadas entre el cabo de Roses y El Port de la Selva. Son tierras de color oscuro, erosionadas por el viento de la tramontana, bajo un cielo azul intenso que se pierde en la lejanía del horizonte.

## Paseo en barco y vistas submarinas

Una excelente manera de disfrutar de la salvaje belleza del Cap de Creus es bordearlo en barco. Desde el mar se ponen de relieve los feroces acantilados, los entrantes y la imagen del faro vigilante. Los fondos marinos que rodean el cabo ofrecen zonas de inmersión en aguas cristalinas con una intensa vida.

## Faro

Situado en retaguardia en el punto más alto de la península del Cap de Creus, el faro es la principal guía para los barcos que transitan por esta zona del Mediterráneo. Es un lugar ideal para los amantes de las grandes panorámicas, y se puede descender hasta la punta caminando y con las debidas precauciones.

INFORMACIÓN

Centro de Información del Parc Natural
Tel. 972 19 31 91

## Creus, el fin de los Pirineos

Hace unos 50 millones de años, una convulsión geológica de inmensa potencia hizo surgir de las aguas marinas la cordillera de los Pirineos. El Cap de Creus, la estribación más oriental de esta formación montañosa y de la Península, refleja la historia: los minerales más blandos de este trozo de la corteza han cedido erosionados por el agua y el viento, y los más duros adoptan formas de agujas y crestas afiladas. En la línea del mar, los Pirineos han dibujado en el entorno del cabo algunas maravillosas calas en las que resuena el bramido del mar, como las llamadas Bona, Jugadora y Fredosa.

# Cadaqués

La población es conocida internacionalmente por sus bellezas naturales y por la capacidad de convocatoria que tuvo desde comienzos del siglo xx Salvador Dalí. En torno al artista de Figueres se creó una corte de creadores como Eluard, Margritte, Breton, Man Ray, Buñuel o Duchamp. El casco blanquísimo, su iglesia, marco de acontecimientos musicales, el puerto y las playas del entorno avalan su prestigio.

## Un caserío blanquísimo

Las calles de Cadaqués sobresalen por su arte y buen gusto. Su caserío, blanco y armónico, baja hasta el borde mismo del agua amparado al fondo de una profunda bahía. Sobre él, como un imponente bastión defensivo se levanta la iglesia de Santa Maria, imagen inseparable de la población.

## Retablo de Santa Maria

Si el exterior de la parroquia de Santa Maria no hace concesiones a la ornamentación, en su interior alberga una obra maestra del barroco catalán. Se trata del retablo principal, un conjunto de esculturas, columnas salomónicas y molduras dorado y policromado. Lo inició Pau Costa y lo terminó Juan Torras.

## Museu de Cadaqués

Una de las piezas de la intensa vida artística y cultural de Cadaqués, que se manifiesta en actividades musicales, literarias y de artes plásticas, es este museo municipal. En él se realizan habitualmente exposiciones de pintura, fotografía, grabado, etcétera; muchas de ellas vinculadas a la figura de Dalí.

### ALREDEDORES

## Portlligat

A la vuelta de una larga estancia fuera de España, Salvador Dalí compró en 1939 una casa popular, antigua barraca de pescadores, en Portlligat; con el tiempo iría ampliándola y sería el lugar donde instalarían su residencia el artista y su mujer, Gala, en 1948. El emplazamiento está lleno de encanto: una casa encalada de inmaculado blanco que se refleja en el agua cae en zig-zag sobre una pequeña playa de piedras, arropada por los pinos y con un abrupto paisaje de lomas rocosas en el entorno. Desde 1977 está abierta al público como Casa-Museo de Dalí.

### INFORMACIÓN

Casa-Museu de Salvador Dalí
Tel. 972 25 10 15
Museu de Cadaqués
Tel. 972 25 88 77
Información Turística
Tel. 972 25 83 15

# Roses

ESTA POBLACIÓN TURÍSTICA SE ASIENTA EN UN EXTREMO de la amplia bahía de Roses, justo al inicio de la península del Cap de Creus. Las excavaciones han permitido comprobar las palabras del historiador griego Estrabón, según el cual hubo en el lugar una colonia fundada por griegos procedentes de la isla de Rodas en el siglo VIII a. C. La impresionante ciudadela y las playas son sus principales atractivos.

## Ciutadella

Este recinto de 131.480 m² de superficie resume buena parte de la historia de la ciudad. El fuerte y la monumental puerta del Mar se construyeron en 1543. En el interior han aflorado restos de la ciudad griega, el barrio helenístico, una villa romana y el monasterio románico-lombardo de Santa Maria.

## Casa Mallol

En el centro de la población se encuentra este edificio modernista de 1906, hoy Ayuntamiento. Decoraciones florales en relieve se suman en la fachada a una galería con columnas que recorre la parte alta del edificio.
En el interior destacan los techos, las vidrieras y los trabajos de hierro forjado.

## Playas

En el litoral de Roses abundan las playas y bellas calas. Las de La Punta y Roses son dos buenas playas urbanas; la de Palangres, de fina arena, se encuentra a 1 kilómetro. Entre las calas más hermosas destacan Canyelles Petites, a 3 kilómetros del centro, y, a menos de 7, las casi vírgenes Rostella y Murtra.

### INFORMACIÓN

Oficina de Turismo
Tel. 902 10 36 36
Visitas a la Ciutadella
Tel. 972 15 14 66
Tren Turístico de Roses
Tel. 972 25 66 25
www.rosesweb.info
www.trenrosesexpres.com

## Rhode

El nombre de esta ciudad griega era un mito hasta que los hallazgos arqueológicos realizados en la ciudadela en la década de los sesenta del siglo XX permitieron confirmarlo como una realidad. Rodhe fue una de las más activas colonias griegas del Mediterráneo, y en el período helenístico, en los siglos IV y III a. C., su época de mayor prosperidad y expansión comercial, llegó a acuñar moneda propia y exportaba sus productos, salazones entre ellos, a diversos puertos entre los que figuraba Cartago. En la Ciutadella de Roses se pueden visitar restos de la Rhode griega pertenecientes a distintas épocas.

# Santa Maria

**Es el núcleo medieval más interesante** de esta zona costera del Ampurdán. Castelló d'Empúries nació algo retirado del litoral para evitar los ataques desde el mar, fue villa condal y conserva en las calles y plazas del casco antiguo un buen conjunto de monumentos religiosos y civiles. Entre estos últimos hay que señalar la muralla y el Portal de la Gallarda, el puente antiguo, del siglo XIII, y el lavadero.

## Església de Santa Maria

Después de la catedral de Girona es la iglesia más importante de la provincia. Se comenzó en el siglo XIII, y las obras, costeadas por los condes de Castelló, terminaron en el XV. El conjunto es gótico, con espléndida fachada y un interior de tres naves separadas por grandes columnas y rematadas en un ábside triple.

## Retablo

El dramatismo de las figuras, la composición de las escenas, la minuciosidad en los detalles y los pliegues de las vestiduras: todo hace de este retablo de alabastro una verdadera joya. En los cuadros se representan escenas de la Pasión. El extraño remate de pináculos es del siglo XVII.

## Portada

El trabajo en mármol de este portal gótico merece una mirada detallada. Sobre las imágenes de los 12 apóstoles arrancan las arquivoltas con relieves de flores; el abocinado del conjunto consigue un sorprendente efecto de profundidad. El bajorrelieve del tímpano, sobre la puerta, representa la Epifanía.

### MONASTERIO DE SANTA CLARA

(Vila-Sacra).
Tel. 972 50 75 95
Moderno cenobio en el que las clarisas hacen vida contemplativa y en cuya hospedería reciben a quienes quieran compartirla con ellas, para descansar o preparar oposiciones, para organizar retiros o convivencias matrimoniales. La regla es el silencio. *(Ver pág. 141).*

### INFORMACIÓN

Información Turística de Castelló d'Empúries
Tel. 972 25 04 26
Información Turística de Empuriabrava
Tel. 972 45 00 88
Butterfly Park (Empuriabrava)
Tel. 972 45 07 61
www.castellodempuries.net
www.empuriabrava.com

### CA LA MARIA DEL MARQUÉS

Marinada, 5 (Fortià).
Tel. 629 74 20 28 / 972 53 43 00
El nombre viene de una tal María, amante de un marqués que mandó construir la casa para ella. De estilo neorrural muy agradable, se respetan las tres naves de bóveda de medio punto, las bodegas y cuadras típicas de estas casas catalanas. *(Ver pág. 139).*

# Castell de Peralada

La ciudad estuvo amurallada y fue un importante centro económico y plaza guerrera desde la Edad Media. El castillo es su imagen más conocida, pero el recorrido muestra también la plaza porticada, las calles con casas medievales y los conventos. Cada verano se celebran en los jardines del castillo y en la iglesia del convento del Carme los recitales y conciertos del Festival de Música de Peralada.

## Castell-Palau de Peralada

Los condes de Peralada y vizcondes de Rocabert tuvieron su residencia desde el siglo XIII en este castillo con aire de cuento. El paso del tiempo y las obras han cambiado su fisonomía y sus usos originales. Hoy es casino, sede de conciertos y un monumento a través del que conocer la historia de la población.

## Convent del Carme

Anexionado al conjunto del castillo en el siglo XIX, hoy en las dependencias monacales, que incluyen la iglesia del Carme y el claustro, ambos góticos, se han instalado las distintas colecciones artísticas. Además de punto de partida de la visita guiada, es sede de conciertos del festival.

## Biblioteca

Más de 8.000 volúmenes forman la biblioteca situada en la primera planta del edificio. Entre lo más valioso de la colección se encuentran más de 1.000 ediciones diferentes de *El Quijote,* 1.200 manuscritos y un centenar de biblias, entre las que sobresale la políglota de Felipe II.

**CAN CARBÓ DEL PORTAL**
Plaza del Puente, 7.
Tel. 637 74 66 57
Una casa que no se caracteriza por el típico estilo neorrural. Destaca por sus paredes en amarillo albero; la piedra vista en los muros interiores y los aperos de labranza colgados con fines decorativos. Una casa señorial del siglo XVIII incrustada en las murallas de Peralada. *(Ver pág. 139).*

**MAS FALGARONA**
(Avinyonet de Puigventós).
Tel. 972 54 66 28
Masía de piedra y barro cuya construcción se remonta al siglo XIV. La rusticidad exterior poco tiene que ver con unos interiores que apuestan por la sencillez de líneas, el mobiliario funcional y el diseño minimalista. *(Ver pág. 137).*

**INFORMACIÓN**
Oficina de Turismo
Tel. 972 53 88 40
Festival de Música
Tel. 935 03 86 46
www.peralada.com
www.festivalperalada.com

# Santa Maria

**Vilabertrán toma su nombre de la Canónica** de Santa Maria de Vilabertrán, antigua abadía canonical agustiniana consagrada en 1100. En la iglesia, el claustro o el palacio abacial todavía se puede respirar la atmósfera de sus tiempos de esplendor, cuando jugaba un papel destacado en la historia de Cataluña. Como muestra, fue aquí conde se celebraron en 1295 los esponsales del rey Jaime II con Blanca de Anjou.

## Iglesia

De un severo románico, fue iniciada a finales del siglo XI. Es de planta basilical, con tres naves y crucero. Los arcos torales de medio punto se apoyan sobre columnas semicilíndricas. En el exterior muestra tres ábsides, y el campanario de tres pisos es típico lombardo, del siglo XII.

## Claustro

Al claustro, construido durante los siglos XII y XIII y rodeado por las dependencias monásticas, se accede desde el sur de la iglesia. De aire austero, posee planta trapezoidal, con cuatro galerías cubiertas por bóvedas de cuarto de esfera. Los capiteles son sencillos, sin apenas ornamentación.

### CAN XIQUET

Afores, s/n (Cantallops).
Tel. 972 55 44 55
La luz natural traspasa el alma de la casa y crea un ambiente cálido y acogedor. La decoración de los salones responde a cierta reminiscencia minimalista. Juegos de luces y sombras prudentes mediante lámparas de diseño actual infunden personalidad. *(Ver pág. 138).*

## Palacio abacial

Construido en el siglo XIV, en tiempos del abad Antonio Girgós, es una soberbia muestra del estilo gótico-civil catalán. La puerta de la fachada y los magníficos ventanales góticos ponen una nota preciosista en la sobriedad general del edificio, en línea con el conjunto de la iglesia.

### INFORMACIÓN

Tel. 972 50 87 87

### MAS PAU

Ctra. Figueres-Olot, km 3,5 (Avinyonet de Puigventós).
Tel. 972 54 61 54
Por el jardín, entre arbustos y frondosos árboles, se alinean varias terracitas, donde sirven, con buen tiempo, copiosos desayunos. Contiguas a la casa madre se localizan las habitaciones, elevadas a la categoría del lujo payés. *(Ver pág. 137).*

# Figueres esencial

## Museu del Joguet de Catalunya

La idea de mostrar el mundo de los juegos en un museo fue tan exitosa que en unos años triplicó el espacio de exposición. Hay en él más de 4.000 piezas, desde mecanos a muñecas pasando por aparatos de magia. Muchos de los juguetes pertenecieron a personajes famosos.

## Teatre-Museu Dalí

Es el buque insignia de la Fundació Gala-Salvador Dalí. Tanto la arquitectura como la escenografía en la que se acomodan las piezas tienen la impronta de Dalí, que supervisó hasta su muerte el centro. Las colecciones se renuevan constantemente con adquisiciones, lo que permite ver cada año un museo diferente.

## Castell de Sant Ferran

Esta gran fortaleza militar fue levantada en tiempos de Fernando VI por Juan Martín de Cermeño, para servir de freno a las invasiones francesas. Últimamente ha estado recluido allí Tejero. Es un magnífico observatorio sobre las tierras ampurdanesas.

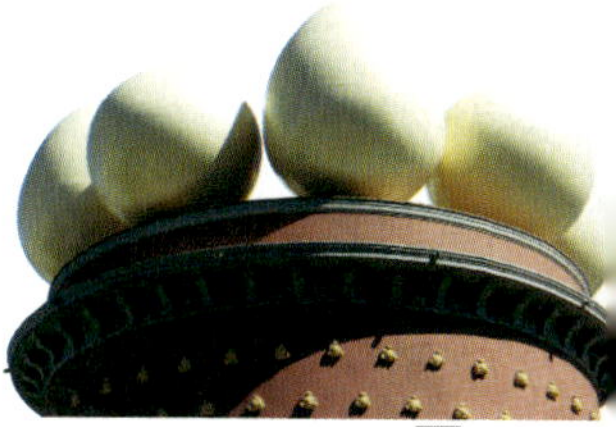

## Museu de l'Empordà

Arqueología y arte son sus platos fuertes. En el primer capítulo reúne una selección de hallazgos de la comarca desde el Neolítico. La colección de pintura catalana y ampurdanesa de los siglos XIX y XX es excepcional, con nombres como Sorolla, Nonell, Casas, Cuixart, Planell y, por descontado, Dalí.

## Torre Galatea

La antigua torre Gorgot, un edificio neoclásico del siglo XIX adosado a la muralla medieval, fue transformado y rebautizado por Dalí. La actual fachada es un espectáculo surrealista con huevos gigantes que alternan a lo largo de la cornisa con maniquís dorados. La decoración interior es también de Dalí.

ENTRE LAS ESCARPADAS COSTAS Y LAS SIERRAS de las Gavarres, Figueres ocupa el centro de una llanura. La ciudad, inseparable de la figura de Dalí, es el centro económico del Alt Empordà, una activa ciudad comercial rodeada de campos de labor. La agricultura ha modelado un paisaje humanizado de masías y pequeños núcleos diseminados, de cultivos protegidos de la tramontana por setos verdes e hileras de cipreses.

## Església de Sant Pere

Muy transformada a lo largo de los siglos, conserva su hermosa nave de los orígenes góticos, mientras el ábside, el crucero y el campanario son reconstrucciones recientes tras los importantes destrozos sufridos en la Guerra Civil. Pese a todo, es un templo bellísimo, tanto en su interior como en su exterior.

## La Rambla

En 1828 se decidió cubrir la insalubre ribera de Galligans y se trazó la Rambla, animado eje de la vida urbana y buen catálogo de edificios de diversos estilos, del neoclásico al racionalista. En la zona alta llama la atención el monumento a Narcís Monturiol, hijo de Figueres e inventor del submarino.

## Plaça del Gra

Fue la plaza del Comercio y siempre estuvo destinada a albergar el mercado. En 1887 unos industriales locales, los Villalonga, encargaron al arquitecto Puig i Sanyer la cubierta sustentada en 36 columnas de hierro. El resultado es un precioso edificio en el que varias veces por semana se celebra el mercado.

## Casas modernistas

La nómina es amplia respondiendo a los gustos estéticos de una burguesía local acaudalada de principios del siglo XX. En la Rambla pueden verse la casa Sallera y la casa Pagès; en su entorno abundan buenos ejemplares como el Teatre-Cine El Jardí, la casa Mas Roger, domicilio de Gaudí, o la sala Edison.

# Teatre-Museu Dalí

CONSTITUYE SIN DUDA EL MAYOR ATRACTIVO de Figueres, cuyo nombre internacional no puede separarse de la figura de Salvador Dalí. La gran fuerza y el personalismo del artista le llevaron a crear en 1974 este centro, a imagen y semejanza de sí mismo, en el que la organización y ornamentación de los materiales y los espacios, así como la disposición de las piezas, corresponden a sus gustos y directrices.

## Antiguo teatro municipal

En 1939 un incendio destruyó casi totalmente el edificio neoclásico que había sido realizado a mediados del siglo anterior por el arquitecto Josep Roca i Bros. Una reconstrucción *sui generis* dio lugar al Teatre-Museu Dalí actual, que tiene como elemento clave la gran cúpula futurista de cristal que lo culmina.

## El Cadillac plujós

Un gran automóvil negro regado por una fuente monumental. Este "Cadillac lluvioso", una de las composiciones escenográficas más conocidas del Teatre-Museu de Dalí, está emplazado en el centro del antiguo patio de butacas. Fue realizado expresamente por el artista para que figurara en este museo.

### EL MOLÍ

(Siurana).
Tel. 972 52 51 39
Trato familiar y ambiente distendido son las premisas de El Molí, una acogedora explotación ganadera en el Alt Empordà. Las habitaciones de la casa principal son amplias y sencillas, sin pretensiones estilísticas.
*(Ver pág. 140).*

### INFORMACIÓN

Oficina de Turismo
Tel. 972 50 31 55
Teatre-Museu Dalí
Tel. 972 51 18 00
Museu de l'Empordà
Tel. 972 50 23 05
Museu del Joguet
Tel. 972 50 45 85
www.figueresciutat.com

## Un publicista de sí mismo

Pocos artistas del siglo XX, el de la publicidad, han llevado a cabo una labor de promoción propia tan llamativa y eficaz como Salvador Dalí. Su tarea

de publicista de sí mismo, incluidas sus extravagancias, invade muchas de las facetas de su vida artística, personal y política. Dalí, nacido en Figueres en 1904, fue un artista precoz, ligado en su juventud a las vanguardias culturales y alma del surrealismo en España. Hizo incursiones en la literatura y en el cine y dominó el espectáculo, algo evidente en el recorrido de los interesantes centros de Figueres, representativos de su concepción del arte.

# Empúries

A LA EMOCIÓN DE PASEARSE ENTRE RESTOS con más de 25 siglos de antigüedad se suma la cercanía del mar en el recinto arqueológico de Empúries. En una pequeña isla, hoy unida a tierra firme y asiento de la población de Sant Martí d'Empúries, los griegos de Focea fundaron hacia el año 600 a. C. un puerto al que llamaron simplemente Emporion (mercado). Desde él comerciaban con las colonias y ciudades del Mediterráneo.

## Paliápolis y Neápolis

Estos dos núcleos de fundación griega están separados por el antiguo puerto. La ciudad más antigua, Paliápolis, se hallaba rodeada de mar y apenas está excavada. En Neápolis, fundada 50 años después, en 550 a. C., han aflorado los basamentos de templos, el ágora, una torre-vigía y restos del mercado.

## Museu d'Arqueologia de Catalunya

Se han reunido en este museo piezas procedentes de las excavaciones de Empúries, entre las que pueden contemplarse columnas, estatuas, maquetas de los templos y, sobre todo, dos mosaicos, verdaderas joyas en su género: el que representa el Sacrificio de Ifigenia y el que se conoce como "de la Perdiz".

## La ciudad romana

En el año 218 a. C. las tropas de Escipión desembarcaron en Neápolis y fundaron la ciudad romana que subsistió hasta las invasiones de alanos y francos de mediados del siglo III. Está situada en el interior, sobre una colina, y entre los restos hallados figuran dos casas con pavimentos de mosaico.

INFORMACIÓN

Oficina de Información
Tel. 972 45 42 22
www.parcsdecatalunya.net
Museu d'Arqueologia
Tel. 972 77 02 08
www.mac.es

ALREDEDORES

## Parc Natural dels Aiguamolls de l'Empordà

El perímetro protegido de este parque abarca toda la fachada litoral del golfo de Roses. Estos terrenos fueron marismas *(aiguamolls)* y lagunas hasta el siglo XVIII, y posteriormente sufrieron un proceso de desecación hasta que se comenzó su recuperación en 1976. Los arenales costeros conviven con prados, canales, acequias y setos que confieren al lugar una gran belleza paisajística. Su valor ecológico está centrado en la diversidad de especies animales y vegetales que alberga. Gran número de aves migratorias, que pueden verse desde distintos puntos de observación, recalan en esta zona lacustre.

# Illes Medes

**Siete pequeñas islas forman este archipiélago** deshabitado por la especie humana pero poblado por aves, peces, moluscos y, en menor medida, corales. Son formaciones desgajadas de la cercana sierra del Montgrí que, en época íbera, estuvieron pobladas, sirvieron de necrópolis romana de la ciudad de Empúries y, desde la Edad Media al siglo XIX, fueron codiciadas por corsarios de diversas procedencias.

## Meda Gran y Meda Petita

En los dos mayores islotes de las islas Medas las rocas caen en precipicios hacia el mar hasta el punto que no hay ningún punto de amarre para los barcos. En lo alto de la Meda Gran un faro señala la entrada sur del golfo de Roses. La Meda Petita está horadada de lado a lado por túneles, viveros de peces.

## Un mundo submarino

Los fondos que rodean las islas son para los submarinistas los más codiciados de la Costa Brava. Se puede hacer inmersión en diferentes itinerarios y a distintos niveles de profundidad; en todos espera la magia de las formaciones arenosas y rocosas, túneles y cuevas y una variada fauna y flora marina.

### MAS CRISARÁN

Processó, 2
(Fonolleres, Parlavà).
Tel. 972 76 90 00

No queda un solo rincón del establecimiento que no luzca su antigüedad o particularidad de ultramar. Bautizadas con nombres que transportan a las lejanas tierras asiáticas, cada habitación es única. *(Ver pág. 139).*

### INFORMACIÓN

Oficina de Turismo de L'Estartit
Tel. 972 75 19 10
Oficina de la Dirección General del Medio Natural
Tel. 972 75 11 03

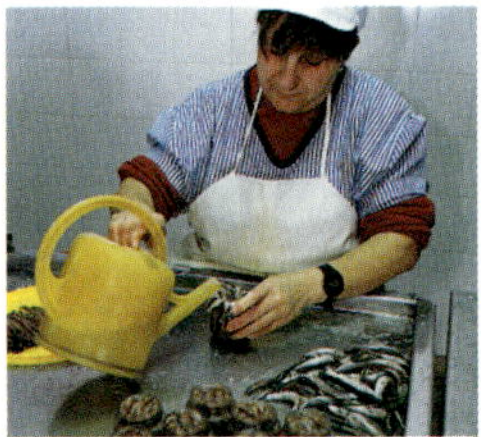

ALREDEDORES

## L'Escala y las anchoas

Al sur de Empúries y a poca distancia de L'Estartit y las islas Medas, el puerto de L'Escala ha sido y sigue siendo un núcleo pesquero muy importante. Sus anchoas, sean en aceite, en salazón o en vinagre, son cotizadas por todos los gastrónomos. En el paseo marítimo, bares y terrazas ofrecen su tentadora oferta de este exquisito pescado. Siguiendo la tradición marinera, en el mes de mayo se celebra la Festa de la Sal, en la que se recuerda los tiempos en que los barcos descargaban en los muelles de L'Escala grandes cantidades de sal, que se distribuían desde aquí a las industrias conserveras de la zona.

# Torroella de Montgrí

A 5 KILÓMETROS DE LA COSTA Y DE LA DESEMBOCADURA del río Ter, esta población, que cuenta con una interesante actividad cultural, se halla acodada en la ladera de un monte que forma parte de las estribaciones de la sierra de Montgrí. La imagen que domina la población es la de su castillo, y el casco urbano recuerda su antiguo origen y la gran importancia que tuvo en la Edad Media.

## Castillo

Imponen sus altos muros de grandes sillares terminados en almenas y rematados por torreones esquineros. La construcción se remonta a 1294, en tiempos de Jaime II, conde de Barcelona. El castillo tiene una estupenda panorámica. Muy cerca está la cueva prehistórica de Cau del Duc.

## Casco antiguo

Su trazado sigue el modelo romano: dos arterias principales, la calle Major y la de l'Esglesia, confluyen con las de Ullà y Primitiu Artigas en la porticada Plaça de la Vila. Algunos restos de muralla rodean el casco, y en el interior quedan la capilla de Sant Antoni (siglos XIII-XVIII) y el convento de los Agustinos (siglos XIV-XIX).

## Sant Genís

Esta iglesia gótica tiene una única nave de 14 metros de ancho, hermosas bóvedas de nervios y capillas con retablos de interés bordeando la nave. La fachada, de época barroca con un gran rosetón, se

puede contemplar desde la Plaça Abat Oliva. Entre sus joyas, destaca la pila del siglo XIV.

## Música y arte

Cada verano, desde hace décadas, Torroella de Montgrí es escenario del importante Festival Internacional de Música. El marco principal de los conciertos es la iglesia gótica de Sant Genís. A esta oferta cultural se suman el Museu del Montgrí i del Baix Ter, con un interesante recorrido por la historia de la población y la comarca; el Museu Art 2000, que reúne una buena colección de pintura de artistas catalanes contemporáneos, y el Centre Cultural de la Mediterrània, situado en Can Quintana, un edificio histórico rehabilitado que cuenta con biblioteca, exposiciones, sala de actos y jardín.

INFORMACIÓN
Oficina de Turismo
Tel. 972 75 79 74
Centre Cultural
de la Mediterrània
Tel. 972 75 73 01

# Poblado ibérico

EL CONTACTO DE LOS PUEBLOS COSTEROS de la última edad del bronce con los comerciantes mediterráneos de origen fenicio, púnico, etrusco y griego dio lugar a la formación de la cultura ibérica, común a distintas tribus. En Ullastret, Baix Empordà, el poblado ibérico del Puig de Sant Andreu fue habitado por los *indigetes* y los hallazgos revelan la influencia de la vecina colonia griega de Emporion (Empúries).

## Recinto arqueológico

En la cima de una colina se encuentra el poblado rodeado por una sólida muralla de la que son visibles algunos tramos y restos de las torres que la protegían. Se recorren varias calles, con un ágora porticada y rodeada de casas, cisternas, silos para el grano y templos diseminados por el recinto.

## Población medieval

Metidos de lleno en la historia, es recomendable un paseo tranquilo por el núcleo medieval de Ullastret. Sus calles irregulares y en cuesta se abren a casas de piedra, con ventanas góticas y entradas con portón, y el pueblo está rodeado por una bien conservada muralla.

## Museu d'Arqueologia de Catalunya

Con ocasión de la visita al poblado ibérico conviene aproximarse al museo, donde se obtiene amplia información sobre el origen de aquél y las características y evolución de la cultura ibérica. Monedas, vasijas y utensilios ilustran, junto a paneles informativos, sobre esta importante etapa de la historia.

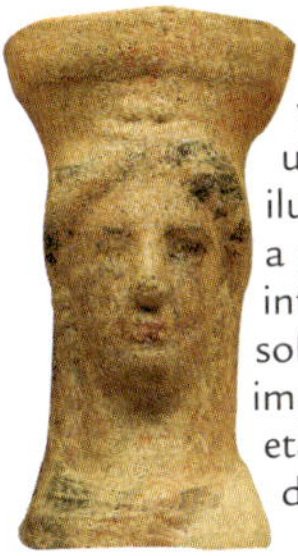

### INFORMACIÓN

Información Turística del Baix Empordà
Tel. 972 64 32 10
Puig de Sant Andreu y Museu d'Arqueologia de Catalunya
Tel. 972 17 90 58

### ARCS DE MONELLS

Vilanova, 1 (Monells).
Tel. 972 63 03 04
Piedra medieval y hormigón armado, tradición y modernidad, lo rústico y lo urbano; todo amalgamado. La nueva construcción, anexa al viejo hospital de mediados del siglo XIV, alberga las *suites*, una zona de restauración y otra de descanso.
*(Ver pág. 138).*

### MAS SANT CRISPI

Pla de Banyeres, 3 (Sant Sadurní de l'Heura).
Tel. 972 64 50 43
Este alojamiento rural rebosa silencio y tranquilidad. Dos estancias independientes y de dispar ambientación montadas en las antiguas cuadras de la masía.

Piscina para compartir entre los dos alojamientos.
*(Ver pág. 138).*

# Castell de Púbol: Gala-Dalí

**A menos de 30 kilómetros de Girona,** en el pueblecito de Púbol, el castillo que Dalí regaló a su última esposa, Gala, en 1969 es uno de los lugares más simbólicos de la biografía del pintor surrealista. En él fue enterrada Gala a su muerte en 1982 y en él vivió el artista hasta que las quemaduras producidas por un incendio en el castillo obligaron su traslado a Figueres, donde falleció y está enterrado.

## Jardín del castillo

En su restauración y decoración volcó Dalí sus mayores empeños. Entre moreras y cipreses, el artista hizo colocar unos grandes elefantes con patas articuladas a modo de saltamontes. Espectacular es también la piscina rodeada de cariátides y bustos del músico Richard Wagner en cerámica de colores.

## Estancias de Gala

Si todo el castillo es un homenaje a Gala, sus habitaciones privadas se llevan la palma. En la puerta que les da acceso figura una escultura de la musa de Dalí en forma de ángel. La sala del piano, el tocador y el desván, donde se exponen sus vestidos firmados por los mejores modistos, forman parte del recorrido.

INFORMACIÓN
Castell de Púbol
Tel. 972 48 86 55

SANTUARI DE LA MARE DE DÉU DELS ÁNGELS (Sant Martí Vell). Tel. 972 19 02 05
Santuario mariano construido en el siglo XV en la cumbre del Puig Alt. Rescatado por una empresa, las estancias se rigen por normas hoteleras, así que se puede gozar de las playas en los días de verano y del frescor de las alturas en las noches. *(Ver pág. 140).*

ALREDEDORES

## Plaça Major de Monells

Monells, uno de los pueblos más hermosos del Ampurdán, conserva un magnífico conjunto de arquitectura popular con ejemplares que arrancan de la Edad Media. La plaza Mayor, llamada de Jaume I, es un espacio irregular porticado. En el antiguo Ayuntamiento, uno de los edificios más destacados de la plaza, puede verse una ventana gótica. Parte de las murallas medievales de Monells han servido como muros de las casas que se abren a hermosas calles y plazas. La iglesia de Sant Genís tiene cabecera románica y ábside y nave góticos.

# Peratallada

**La situación en llano de esta población** obligó a protegerla con un triple recinto de murallas y un foso que se conservan en muy buen estado. Fueron levantadas sobre la roca viva, de donde le viene el nombre a la localidad. La mayoría de las construcciones de Peratallada, señorío que fue de la familia Cruïlles, es de los siglos XII al XIV. Esta hermosa población del Ampurdán es Conjunto Histórico-Artístico.

## Caserío medieval

Construcciones de dos plantas, algunas con galerías en la superior, muros de tono rosado, pequeñas escaleras de piedra que suben por las fachadas, ventanas geminadas y macetas floridas en los portales. El trazado de Peratallada es irregular y todo en ella tiene un tono noble y antiguo.

## Castillo

Su torre cuadrada resalta imponente sobre los tejados, pero su situación en el centro de la villa sugiere protección para los súbditos que vivían en su entorno. Hay noticias de la existencia del castillo al menos desde el siglo XI, y posteriormente se fue ampliando y convirtiendo en un espléndido palacio.

## Plaça de les Voltes

Es junto a la plaza Mayor, rodeada de casas románicas y góticas y muy bien restaurada, el espacio que organiza el hermosamente caótico urbanismo medieval de Peratallada. Sus laterales están cubiertos por arcadas profundas de baja altura que en su día servían como lugar de refugio y de mercado.

**INFORMACIÓN**

Oficina de Turismo
de La Bisbal
Tel. 972 64 51 66

**MAS DE TORRENT**

Afores, s/n (Torrent).
Tel. 972 30 32 92
Los balcones de esta deslumbrante masía del siglo XVIII constituyen una atalaya privilegiada del tramo litoral comprendido entre Pals y Begur. Decoración en piedra vista, suaves tonos pastel, telas estampadas, fibras vegetales y suelos de barro. (*Ver pág. 140*).

**EL PATI**

Hospital, 13
(Peratallada, Figueres).
Tel. 972 63 40 69
El jardín del hotel, presidido por una torre-vigía del siglo XVII, comparte una de las murallas del castillo, símbolo por excelencia de esta ciudad medieval.

Cinco habitaciones decoradas a partir de cortinas de gasa y camas de anticuario. (*Ver pág. 138*).

# Pals

Pasear por Pals es volver a un escenario medieval perfectamente reconstruido que rezuma la exquisitez de una oferta turística de calidad. Nada desentona en sus calles adoquinadas, en sus pasajes bajo arcadas, en las casas con portones, en los letreros de los comercios o en los establecimientos hosteleros. El núcleo antiguo se levanta sobre la colina llamada Mont Aspre, que remonta un paisaje de cultivos.

## El Pedró

Es el nombre del núcleo gótico que estaba presidido en lo alto por el castillo. El recinto lo ocupa actualmente una preciosa casa moderna perteneciente a la familia que impulsó la reconstrucción de la población. De la antigua muralla se conservan cuatro torres de planta cuadrada que datan del siglo XII.

## Església de Sant Pere

También en la zona alta de la población, es un templo de líneas sencillas. Buena parte de los sillares con los que fue levantado a partir del siglo XIII provienen de los restos del castillo. Parte de los fundamentos son románicos, el ábside y la nave góticos, y la portada y la torre pertenecen al barroco.

## Torre de les Hores

La imagen de este elevado torreón circular es característica del núcleo gótico de Pals. Asentada en la roca viva, fue la torre del homenaje del castillo y, después de la Edad Media, se utilizó como campanario, de donde le viene el nombre. En su entorno se encontraron numerosas tumbas de origen visigótico.

**INFORMACIÓN**

Oficina de Turismo
Tel. 972 63 73 80
Museu Art 2000
Tel. 972 63 61 73

**MAS SALVI**

Carmany, 13.
Tel. 972 63 64 78
En este hotel la modernidad no arrambla con la tradición, sino que la refuerza y satina. Las piedras de Salvi interpretan en clave actual, llena de sutilezas, la salve de una masía edificada en el siglo XVIII. *(Ver pág. 139).*

**CASTELL D'EMPORDÀ**

Castell d'Empordà, s/n (La Bisbal d'Empordà).
Tel. 972 64 62 54
A un holandés le maravilló un castillo del siglo XII y emprendió la restauración de sus muros de piedra para crear un hotel de ambiente cosmopolita, además de colocar mobiliario procedente de China, Inglaterra, Nepal y Tíbet. *(Ver pág. 137-138).*

# Begur

**Desde el castillo, sobre un roquedo,** se contempla la mejor vista del casco urbano de Begur, algo retirado de la costa, a la que está unida por pintorescas carreteras, y de las aguas transparentes y de tonalidades verdes que bañan el litoral. Esta localidad del Baix Empordà, amparada por el macizo del Montgrí, es uno de los más selectos núcleos de veraneo de la Costa Brava y está rodeada de maravillosas calas.

## Casco urbano

Blanco, acodado al pie de la colina del castillo y con sus calles estrechas y en cuesta, tiene un gran sabor mediterráneo. Junto a casas populares y atalayas, hay un buen número de villas con galería, jardín y palmeras edificadas a finales del XIX y principios del XX por indianos enriquecidos en Cuba.

## Panorama desde el castillo

Cuando se construyó el castillo de Begur, en el siglo XI, su ubicación sobre una pequeña colina respondía a necesidades defensivas. Desde sus restos almenados, a algo más de 200 metros sobre el nivel del mar, se contempla un espléndido panorama: el pueblo, en primer plano, con su blanco caserío y la espadaña de la iglesia; más allá, la línea escabrosa de la costa, los recovecos que amparan las calas y, a lo lejos, dirigiendo la vista al norte, las dunas que rodean L'Estartit y las islas Medes.

## Calas

Las montañas de la zona bajan hasta la misma costa dibujando un perfil sinuoso de pequeños cabos y calas protegidas entre las rocas. La de Sa Riera, de arena, es la más grande y equipada; en la de Aiguafreda, rocosa, amarran pequeñas embarcaciones deportivas, mientras en Sa Tuna se ven barquitas de pescadores.

### PARADOR DE AIGUABLAVA

Playa de Aiguablava, s/n. Tel. 972 62 21 62

En un acantilado inasible a la tramontana se alza un edificio cúbico, acristalado, de perfil horizontal, con habitaciones amplias y bien equipadas. Las instalaciones garantizan las comodidades del huésped habitual de Paradores.

*(Ver pág. 137).*

### INFORMACIÓN

Información Turística
Tel. 972 62 45 20

# Montaña de Sant Sebastià

**Sobre la población de Llafranc se alza esta montaña** que proyecta su cabo hacia el mar, donde las laderas empinadas bajan en terrazas hasta el Mediterráneo. Todo tipo de leyendas rondan esta elevación, ya que, según muchos, en el interior de la montaña actúan fuerzas especiales que la convirtieron desde antiguo en lugar de culto. El lugar, con un emplazamiento estratégico, es de una belleza extraordinaria.

## Far de Sant Sebastià

Está situado sobre el pequeño cabo en una suerte de equilibrio entre las rocas cortadas a pico. Es un faro mítico por su potencia y porque era el que despedía a los emigrantes que partían desde estas costas hacia América en busca de una vida mejor. Una carretera que parte de Llafranc sube hacia él.

## Llafranc y su hermosa playa

La bahía en la que se asienta Llafranc es un remanso limitado por cabos y rocas y protegido por una loma verde. Junto a la playa sube suavemente desde el mar hacia la ladera una población turística de calidad, semioculta entre un bosque de pinos. Pequeños comercios, bares y restaurantes salpican la localidad.

INFORMACIÓN
Oficina de Turismo
Tel. 972 30 50 08

### EL FAR DE SANT SEBASTIÁ

Playa de Llafranc, s/n (Palafrugell).
Tel. 972 30 16 39
En esta torre-vigía del siglo XVIII el edificio principal conserva la estructura en piedra de cantería cimentada

sobre una terraza voladiza. Dentro se han creado 9 habitaciones. *(Ver pág. 139).*

## Tamariu

Tamariu, un pueblecito al pie de una cala idílica, cuenta con un puñado de casas blancas que componen el núcleo habitado de esta pintoresca localidad. Más allá se perciben rocas y pinos, y construcciones que asoman aquí y allá unidas por cuestas y callecitas estrechas y agradables. Vista desde el mar, se diría que Tamariu sólo vive del verde y de las aguas transparentes. A muy corta distancia se encuentra Aiguaxalida, una cala bellísima, aún más tranquila, encerrada entre las rocas y paraíso de submarinistas.

# Calella de Palafrugell

No se ven en esta población las altas construcciones que han dejado cortinas de cemento blanco en algunas otras zonas de la Costa Brava. Calella, muy conocida por su Festival de Habaneras, conserva rasgos de la antigua población de pescadores que fue y, junto a sus playas y amplia oferta de ocio, ofrece lugares maravillosos como el jardín botánico de Cap Roig o las vistas desde la montaña de Sant Sebastià.

## Les Voltes
Al borde del paseo Marítimo se extiende esta larga calle, una sucesión continua de pórticos de color blanco. La desigualdad de los arcos da un encanto especial al conjunto. Les Voltes es un animado espacio donde se instalan puestos de artesanos y orquestinas, y donde tiene lugar el Festival de Habaneras.

## Festival de Habaneras
A comienzos del siglo XX muchos vecinos de estas costas embarcaron rumbo a América en busca de una vida mejor. Las habaneras, un cante de ida y vuelta, son enormemente populares en la zona. En el festival que se celebra en julio en Calella, los mejores conjuntos interpretan las tonadas al borde del mar.

## Jardí Botànic de Cap Roig
El emplazamiento y la exhibición botánica se complementan en este magnífico lugar. Fue iniciado por el matrimonio Woevowsky, en los años treinta del siglo XX. Junto al castillo que construyeron se extienden, a pico sobre el mar, los jardines con más de 1.000 especies exóticas.

### INFORMACIÓN
Información Turística
Tel. 972 61 44 75

## Josep Pla, el bardo de l'Empordà
Nacido en Palafrugell en 1897, Josep Pla es el escritor que más páginas ha dedicado a la geografía, la historia, el paisaje, las costumbres y los personajes cotidianos de su tierra ampurdanesa. Su larga vida —murió en Llofriu a los 84 años pluma en mano— está íntimamente ligada al viaje. Recorrió el Ampurdán durante años y dejó decenas de libros sobre su país, tanto en castellano como en catalán. Pero también viajó por medio mundo como observador, como corresponsal y como biógrafo de países y costumbres.

# Porta Ferrada

EN TORNO AL MONASTERIO, QUE TIENE como majestuosa entrada la Porta Ferrada, surgió en el siglo x el primer núcleo de Sant Feliu de Guíxols. El cenobio es el símbolo del señorío feudal en una próspera población que se desarrolló sobre la base de la pesca, la construcción de barcos y la industria del corcho. La ciudad está rodeada de costas magníficas y cuenta con numerosos edificios modernistas.

## Casino dels Nois

Con su aire neomudéjar, es uno de los muchos edificios modernistas con que cuenta Sant Feliu. El dato curioso es que fue costeado por los trabajadores del corcho y con él rivaliza el Casino dels Senyors. En el paseo Marítimo y el barrio de Sant Pol pueden verse otros buenos ejemplares de principios del siglo XX.

## Porta Ferrada

Tres arcos de herradura sobre columnas cilíndricas forman la estampa de este atrio que probablemente precedía a la primitiva iglesia del siglo X. Sobre ellos corre, en un trabajo de extraordinaria delicadeza, una galería con arcos más pequeños que da paso a un friso de arquería ciega de influencia lombarda.

## Monestir de Sant Feliu

La poderosa Orden Benedictina construyó este edificio que conserva elementos prerrománicos, románicos y góticos. Además del pórtico, llaman la atención las dos torres románicas que flanquean la iglesia, la del Fum y la del Corn. Aquí está instalado un museo que recorre la historia de la localidad.

INFORMACIÓN
Oficina de Turismo
Tel. 972 82 00 51
www.guixols.net

## S'Agaró

Esta urbanización surgió en los años veinte del siglo pasado en un privilegiado emplazamiento sobre el promontorio de Sant Pol, con la playa a sus pies. Cuando el arquitecto Rafael Masó inició su construcción en 1924,

a iniciativa de unos empresarios de Sant Feliu de Guíxols, sólo había aquí unas barracas para guardar aperos de pesca. El primer núcleo lo formaba una serie de mansiones con jardín levantadas según el gusto novecentista y un hotel de lujo. Con el tiempo, entre las laderas arboladas que rodean la playa, han ido creciendo edificios de pisos, aunque siempre dentro de una estética cuidada.

# Playas de Tossa de Mar

La imagen más conocida de Tossa de Mar es la de sus torres y sus murallas almenadas cayendo suavemente sobre la playa. Un bosquecillo de pinos culmina la colina del cabo de Tossa donde se asienta el recinto amurallado y, amparado en él, el núcleo antiguo llamado la Vila Vella. La ciudad nueva, con buenas casas modernistas, las playas y la villa romana de Els Ametllers completan los atractivos del lugar.

## La Vila Vella

El origen de este núcleo se remonta al siglo XII, cuando le fue concedida la carta de derechos de población por el abad de Ripoll. Se inicia entonces la construcción de la muralla, con tres torres y cuatro torreones estupendamente conservados, y de las casas, arcos y callejas que se protegen tras las defensas.

## Villa romana de Els Ametllers

En 1914 se descubrieron en una ladera escalonada frente al mar, en las afueras de Tossa de Mar, los restos de esta lujosa residencia fechada en el siglo I a. C. en la que no faltan las termas, pinturas murales y ricos pavimentos de mosaico. El mejor de ellos se conserva en el Museu de Tossa.

ALREDEDORES

## Lloret de Mar

Es difícil no haber oído hablar de Lloret de Mar, capital del turismo de ocio y diversión de la Costa Brava. Hoteles y apartamentos crecen alrededor del centro urbano y el paseo Marítimo que bordea la playa de Lloret, pero también en torno a las otras playas del municipio, como la de Fenals, la de Sa Boadella o la de Santa Cristina. Dominando esta última, en una explanada sobre el mar, se encuentran los jardines de Santa Clotilde, con parterres de hierba, árboles y macizos de flores bajo un cielo azul intenso. Se deben a Nicolau Rubió i Tudurí, discípulo del famoso paisajista francés Forestier.

## Museu de Tossa de Mar

En los años treinta, numerosos artistas, entre los que se señala como precursor a Marc Chagall, conocieron y admiraron Tossa de Mar. Sus luces y colores quedaron plasmados en obras de arte que reúne el museo municipal junto a los hallazgos arqueológicos del municipio, como los de la villa romana de Els Ametllers.

INFORMACIÓN

Oficina de Turismo de Tossa de Mar
Tel. 972 34 01 08
Oficina de Turismo de Lloret de Mar
Tel. 972 36 57 88/972 36 47 35

# Blanes

Es habitual situar en Blanes el inicio sur de la Costa Brava: a partir de aquí las montañas rompen en el mar proyectando acantilados y abriendo calas y playas. Antigua población pesquera emplazada junto a la desembocadura del río Tordera, en ella estuvo durante años la única fábrica de Tergal que había en España. Sus playas y sus dos jardines botánicos son algunos de sus principales atractivos.

## Castell de Blanes

El montículo de Sant Joan resguarda la población. En él se alzan los restos del castillo, estupendo balcón desde donde contemplar el puerto y la costa. Lo levantó en el siglo XIII un miembro de la familia Cabrera y se amplió en el XVI, época a la que pertenece la torre cilíndrica que define su estampa.

## Playas y paseo Marítimo

Cuatro kilómetros de playas reúne la villa de Blanes; desde pequeñas calas —Treumal, Santa Ana, Sant Francesc— hasta grandes playas como las de Blanes y S'Abanell, con 2,5 kilómetros de longitud. Y el magnífico paseo Marítimo entre Santa Ana y Sa Palomera.

## Monumentos medievales

Dos son las iglesias góticas de Blanes. Nuestra Señora de la Antigua tiene una portada apuntada y hermosas bóvedas; Nuestra Señora de L'Esperança, fachada estucada y tono rosa oscuro. Más espectacular es la Font Gótica, en el Carrer Ample, de ocho la dos con crestería labrada y gárgolas con figuras humanas.

## El botánico Mar i Murta

En 1921 llegó a Blanes un ciudadano alemán, Karl Faust, y se dedicó a coleccionar y aclimatar especies vegetales exóticas. De este empeño nació el jardín botánico Mar i Murta, pionero en toda España. Son 15 hectáreas sobre las que crecen más de 4.000 especies en el precioso marco de la cala Sa Forcanera, asomada al Mediterráneo, del que obtiene las mejores vistas.
Es especialmente interesante la colección de cactus, sin dejar de lado eucaliptos, cipreses, araucarias y las plantas acuáticas en el estanque de agua dulce.

### INFORMACIÓN

Información Turística de Blanes
Tel. 972 33 03 48
Información Turística de Lloret de Mar
Tel. 972 36 47 35
Jardín Botánico Mar i Murta
Tel. 972 33 08 26
www.blanes.net

# Arenys de Mar

**El desarrollo turístico no ha logrado** borrar la tradición marinera de esta población que se remonta al siglo XIV. Su puerto pesquero, junto al que se halla también el deportivo, sigue recibiendo capturas a diario y en los muelles se lleva a cabo la subasta del pescado. Arenys de Mar se protegió frente a los ataques de los piratas con 10 torres, de las que aún quedan en pie la de En Llovet y la del Carrer Ample.

## Cementerio de Sinera

Los versos del poeta catalán Salvador Espriu han servido de altavoz a la gran belleza del cementerio de Arenys de Mar, en el que él mismo está enterrado. Situado en lo alto de una colina, cuenta con templetes y esculturas obra de grandes figuras del modernismo, entre los que figuran Enric Sagnier y Josep Llimona.

## Museu Frederic Marés de la Punta

Como en otras localidades en las que la pesca era la principal ocupación masculina, las mujeres de Arenys de Mar se dedicaron por tradición a elaborar encajes de bolillos. La obra de muchas generaciones de encajeras se muestra en el interesante museolocal, donde puede seguirse el proceso de esta artesanía.

## Retablo de Pau Costa

El edificio más destacado del centro antiguo de la población es la iglesia de Santa Maria del siglo XVII, con hermosa portada barroca. Pero la verdadera joya se encuentra en su interior; se trata del espectacular retablo dorado y policromado con un magnífico trabajo escultórico debido a Pau Costa.

### INFORMACIÓN

Información Turística
Tel. 937 95 77 50

### ALREDEDORES

## Caldes d'Estrac

Bosques de pinares verdean el entorno de Caldes d'Estrac, uno de cuyos atractivos es el balneario de aguas termales, que manan a 39°, y aguas de mar, con modernas instalaciones de

talasoterapia. Los atractivos de esta población, cuyo núcleo antiguo está retirado de la costa y protegido por torres de vigilancia contra los moriscos, hicieron de ella uno de los primeros destinos de veraneo de la burguesía catalana. De esa época, primer cuarto del siglo XX, quedan algunas casas modernistas situadas en el entorno de los dos paseos marítimos, el Passeig de Mar y el Passeig dels Anglesos.

# Barcelona esencial

## Museos

Del legado romano a las manifestaciones artísticas contemporáneas, un enorme abanico de museos jalona la ciudad. En la montaña de Montjuïc se encuentran el Museo Nacional de Arte de Catalunya y la Fundación Mirò, mientras el centro acoge el Museo Picasso, el de Arte Moderno y la Fundación Tàpies, entre otros.

## Montjuïc

Sobre el puerto se levanta esta colina coronada por un castillo construido en el siglo XVIII. Magnífico mirador sobre la ciudad y el mar, Montjuïc reúne jardines y parque de atracciones, museos, centros de arte e instalaciones deportivas. En el Teatre Grec se celebra cada verano un festival artístico.

## La ciudad y el mar

Las obras realizadas con ocasión de los Juegos Olímpicos de 1992 y el Forum de 2004 han recuperado para usos ciudadanos la fachada marítima de Barcelona. En ella se suceden playas, muelles deportivos y zonas de ocio; y edificios de líneas actuales bordean esta nueva zona abierta al mar.

## Eixample

Tras el derribo de las murallas medievales, en 1860 se construyó este barrio según el Plan Cerdà. Las esquinas del Ensanche rematadas en chaflán forman pequeñas plazas, y las manzanas de casas alojan patios interiores. El Eixample reúne el mayor conjunto de edificios modernistas de Europa.

GRAN METRÓPOLIS MEDITERRÁNEA Y CENTRO INDUSTRIAL y comercial, Barcelona se despliega entre el mar y la montaña. Desde sus orígenes romanos hasta las expresiones artísticas, culturales y sociales más contemporáneas, la capital de Cataluña muestra en su trama urbana el peso de una importante historia. Sus calles y avenidas, sus monumentos y museos aúnan, como pocas ciudades, la tradición y la vanguardia.

## El modernismo en Barcelona

Favorecido por la alta burguesía barcelonesa, este estilo arquitectónico floreció en la ciudad a partir de la última década del siglo XIX. Los mejores arquitectos modernistas construyeron en la ciudad viviendas y locales comerciales, derrochando fantasía en su trazado y materiales decorativos y ornamentales.

## Las Ramblas

Desde la plaza de Catalunya hasta el puerto se despliega esta avenida animada a todas horas. En la alameda central se levantan quioscos de flores y pájaros, actúan músicos y pasean barceloneses y turistas. Numerosos hoteles y restaurantes y edificios ilustres, como el Gran Teatro del Liceo, jalonan su trazado.

## Barri Gòtic

Bajo el trazado de este barrio de estructura medieval afloran restos de la Barcino romana. A destacar: la Plaça de Sant Jaume, con la fachada gótica del Palau de la Generalitat, y el Ayuntamiento; la catedral; el Palau Reial Major; el Museo de Historia de la Ciudad, y la casa de l'Ardiaca.

## Catedral

La iglesia se superpone a un templo romano y una mezquita, y el inicio de su construcción está fechado en 1298, aunque no se concluyó hasta comienzos del siglo XX. De estructura gótica, conserva rasgos románicos y encierra numerosos tesoros artísticos, así como un magnífico claustro.

# Catedral

**A LO LARGO DE OCHO SIGLOS SE FUE EDIFICANDO** esta iglesia de grandes dimensiones a la que está adosado un bello claustro. Tras la fachada neogótica erizada de pináculos y rematada en una torre central y dos laterales, se abren tres naves separadas por columnas y rodeadas por 28 capillas. En la dedicada a san Benet puede verse el retablo de la Transfiguración, joya gótica obra de Bernat Martorell (1452).

## Coro

Su sillería constituye una pieza maestra. La zona baja la realizó el catalán Matías Bonafé (1457); la superior es obra de los alemanes Locher y Fiedrich (fines del siglo XV). Sobre los sitiales figuran los nombres y escudos de los caballeros galardonados con el Toisón de Oro por Carlos V en 1519.

## Cripta de Santa Eulalia

Situada bajo el altar mayor, en ella se encuentra el sarcófago de alabastro labrado de la santa atribuido a Nicolás Pisano (1327). En el clave de la bóveda de esta capilla puede verse un relieve en piedra que representa la Coronación de santa Eulalia, martirizada por los romanos en el siglo IV.

## Museo de la catedral

La sala Capitular y sus anexas alojan un reducido tesoro artístico de obras maestras góticas. Entre las más notables se encuentran el retablo de san Bernardino de Jaume Huguet; la *Pietá del canónigo Desplá*, obra de Bartolomé Bermejo, y un tapiz de seda y lana que representa el Bautismo de Cristo.

INFORMACIÓN

Visitas guiadas de la catedral
Tel. 933 15 22 13

## Un claustro delicioso

Casi todos los claustros medievales lo son, pero éste de la catedral barcelonesa tiene un encanto especial favorecido por sus esbeltas arcadas, el jardín central poblado de palmeras y magnolios, la torre octogonal que vigila desde lo alto y el rumor permanente del agua. En un ángulo se levanta el pabellón de San Jorge, pequeño templete que acoge una fuente ornamental, con una escultura del santo a caballo en lucha con el dragón, y un surtidor. Cisnes y patos pasean por el jardín y aportan con sus graznidos un toque campestre a este enclave recoleto, lugar de paseo y encuentro de los barceloneses.

# Las Ramblas

La arteria urbana más popular de Barcelona está dividida en varios tramos: Rambla de Canaletas, de los Estudios, de San José, de los Capuchinos y de Santa Mónica. Su nombre procede del cauce de un río que discurría desde el Tibidabo hasta el mar en el lugar donde se levanta el monumento a Colón. En Las Ramblas tienen su asiento el Gran Teatre del Liceu y el Palau de la Virreina, y muy próximo el Palau Güell, obra de Gaudí.

## Plaça Reial

Abierta por uno de sus lados a la Rambla, esta elegante plaza fue trazada a mediados del siglo XIX sobre el solar que ocupaba un convento de capuchinos. Las fachadas de los edificios que la rodean son de líneas clasicistas, el centro lo ocupan una zona ajardinada y una gran fuente, y las farolas se deben a Gaudí.

## La Boqueria

El conocido mercado es casi tan visitado como el parque Güell o el Museo Picasso. La Boquería es un templo erigido en honor de los sentidos: a los colores y aromas de los productos se suma la algarabía que recorre los pasillos y la elegancia de sus puestos, muchos de ellos realizados por artistas modernistas.

## Libros, flores y gentes

Una marea humana, en la que se funden los barceloneses y los visitantes, recorre a diario las Ramblas, especialmente rutilantes en los atardeceres del verano. Los vistosos puestos de flores, los que venden pájaros y los que

exhiben libros nuevos y antiguos, son un permanente foco de atracción de curiosos.

INFORMACIÓN

Museu d'Art Contemporani (MACBA)
Tel. 934 12 08 10
www.macba.es
Centre de Cultura Contemporania (CCCB)
Tel. 933 06 41 00
www.cccb.org

## El MACBA

Un edificio de líneas limpias y amplios espacios interiores, obra del arquitecto estadounidense Richard Meier, alberga el Museu d'Art Contemporani de Barcelona, la mejor colección de arte contemporáneo de todo el mundo que puede verse en España. Junto a las obras de los últimos cincuenta años que se exhiben de forma permanente, tiene lugar en el MACBA un amplio programa de exposiciones temporales y de actividades relacionadas con las manifestaciones de la cultura y el arte de nuestros días. En sus inmediaciones, la antigua Casa de la Caritat alberga el Centre de Cultura Contemporania de Barcelona.

# Mançana de la Discòrdia

**ENCLAVADA EN EL PASSEIG DE GRÀCIA**, entre el Carrer d'Aragó y el del Consell del Cent, reúne el conjunto más famoso de edificios modernistas de la ciudad. Se la conoce así por la controversia establecida en su día entre los ciudadanos acerca de sus preferencias sobre las obras realizadas a principios del siglo XX por tres insignes representantes del modernismo: Gaudí, Domènech i Montaner, y Puig i Cadafalch.

## Casa Amatller

Sobre un edificio ya existente, Josep Puig i Cadafalch creó en 1898 una fachada con tejado escalonado de aires flamencos, galería corrida y esgrafiados. El arquitecto modernista se encargó asimismo de diseñar el patio y la escalera interiores y los muebles, lámparas, vidrieras y pavimentos.

## Casa Batlló

Este edificio reformado por Antoni Gaudí entre 1905 y 1907 presenta una fachada con profusión de mosaicos, columnas de formas óseas y balconadas de hierro que figuran máscaras. Las líneas orgánicas de la fachada parecen estar relacionadas con la leyenda de la lucha de san Jorge contra el dragón.

## Casa Lleó Morera

Fue realizada por Lluís Domènech i Montaner entre 1902 y 1906. Lo más notable de su exterior, reformado posteriormente, son los trabajos escultóricos de los balcones y las ventanas; en los del segundo piso figuran inventos de la época como el gramófono, el teléfono, la bombilla eléctrica o la cámara fotográfica.

### INFORMACIÓN

Casa Batlló
Tel. 934 88 06 66
Casa Lleó Morera
Tel. 934 88 01 39
Casa Amatller
Tel. 932 16 01 75

## El Eixample: una retícula ejemplar

Ildefons Cerdà fue el autor del proyecto del Ensanche decimonónico de Barcelona. Su principal característica es el trazado de una ciudad de calles perpendiculares y paralelas formando una ordenada retícula que tiene como única excepción la Diagonal, avenida que la atraviesa desde Pedralbes hasta el mar. Las manzanas son de gran tamaño, con las esquinas recortadas para ampliar la luz que llega a las viviendas y permitir el giro de unos tranvías que recorrerían toda la ciudad. La iniciativa de la burguesía barcelonesa convirtió el Eixample en un modelo de urbanismo cuajado de magníficas construcciones.

# Casa Milà, La Pedrera

ESTÁ CONSIDERADA COMO UNA DE LAS OBRAS CUMBRE de la arquitectura modernista y fue levantada bajo la dirección de Antoni Gaudí entre los años 1906 y 1912. El sobrenombre de La Pedrera hace referencia a los muros de piedra calcárea de formas ondulantes que recubren su fachada abierta a dos calles. La azotea del edificio, sembrada de escultóricas chimeneas, es uno de los lugares más visitados de Barcelona.

## Un paseo por los tejados

La azotea de la casa es un lugar fascinante. Los tejados, de suelos inclinados, están erizados de chimeneas y torres de ventilación que evocan figuras antropomórficas, recubiertas de estuco o forradas de *trencadís,* pequeños mosaicos característicos de Gaudí. Tiene magníficas vistas sobre el Ensanche.

## Interior

No sólo la fachada resulta innovadora. La planta propuesta por Gaudí da lugar a un interior de carácter singular en torno a dos patios enormes en forma irregular. El espacio de las viviendas es amplio y diáfano, y está sustentado sobre columnas de líneas orgánicas en continuidad con el exterior.

## Fachada

La visión que proporciona La Pedrera es la de un cuerpo vivo y en movimiento. Tal es el juego de luces y sombras que se logra por medio de las formas erosionadas de la piedra, las cornisas que recorren la fachada horizontalmente, los huecos de las ventanas y las rejas de hierro de los balcones.

## Fundació Antoni Tàpies

En un edificio de ladrillo e influencias mudéjares concluido en 1886 por Domènech i Montaner para sede de una editorial, se estableció en 1990 esta fundación consagrada a mostrar la obra del gran artista catalán. La fachada está coronada por la original escultura titulada *Núvol i cadira* (Nube y silla).

## INFORMACIÓN

Tel. 934 84 59 95
Bus Turístic
Tel. 807 11 72 22
www.barcelonaturisme.com

# Sagrada Família

Es la obra más universal y conocida de Gaudí. El arquitecto de Reus, que se hizo cargo de ella en 1883, plasmó en este grandioso templo un programa cargado de simbolismo y dedicó a su construcción la mayor parte de su vida, dejándolo inacabado. En la Sagrada Família, cuyas obras continúan, están presentes las distintas tendencias artísticas y decorativas que se aúnan en el movimiento del Modernismo.

## Un completo programa iconográfico

El innovador Gaudí plasmó en el proyecto colosal de la Sagrada Familia sus profundas convicciones religiosas. Diseñó 12 torres dedicadas a los apóstoles, 4 a los evangelistas y 2 más a la Virgen y a Jesús. Las dos fachadas principales están dedicadas al Nacimiento y la Pasión de Cristo.

## Cripta

Mientras continúan los trabajos, es la parte de la iglesia dedicada al culto. Con ella inició en 1882 Francesc de P. Villar i Lozano, siguiendo las pautas negóticas, la construcción de la obra. Aunque Gaudí no dirigió esta parte de los trabajos, está enterrado en ella. Puede visitarse en horas de misa.

## Fachada del Nacimiento

Trazada por Gaudí en 1904, en ella destacan las elevadas torres de resonancias neogóticas, la intensidad dramática y el naturalismo de los relieves y esculturas. Las portadas representan los primeros años de la vida de Jesús, y en el relato escultórico se hace referencia a la Fe, la Esperanza y la Caridad.

INFORMACIÓN
Tel. 932 07 30 31

## La obsesión de Gaudí

Antoni Gaudí, nacido en Reus en 1852, dedicó la mayor parte de su vida a la construcción de la Sagrada Família. El proyecto es la síntesis de sus ideas y sus concepciones artísticas: su interés por la historia y la naturaleza y su religiosidad se plasman en atrevidas líneas elípticas, esculturas cargadas de simbolismo y relieves que denotan su noción sobre el universo. Gaudí invirtió en el proyecto todos sus ahorros y recaudaba fondos para su realización. Ocupaba días y noches en hacer y rehacer los diseños, vigilaba personalmente los trabajos y en sus últimos 16 años instaló su vivienda a pie de obra.

# Drassanes, Llotja y Port Vell

ESTOS TRES LUGARES ESTÁN SITUADOS EN EL ENTORNO de la fachada marítima de Barcelona y resumen una parte fundamental de la historia de la navegación y la tradición mercantil de la ciudad. En el puerto antiguo conviven, desde la renovación urbana de 1992, embarcaciones deportivas, zonas de ocio y el Aquarium. Muy cerca se encuentran el monumento a Colón y el moderno edificio del World Trade Center.

## Port Vell

Un paseo peatonal que parte del extremo de las Ramblas conduce al Port Vell. Además de los muelles deportivos, se encuentran aquí el Maremagnum, un moderno centro de ocio con restaurantes, cines y tiendas; el cine Imax en 3D y el Aquarium, el mayor acuario de Europa.

INFORMACIÓN
Museu Marítim
Tel. 933 42 99 20
Aquarium
Tel. 932 21 74 74

## Drassanes

Son los astilleros donde se construían los barcos que surcaban el Mediterráneo desde la Edad Media. Hoy este abovedado edificio, único en su género en el mundo, alberga el Museu Marítim, donde, entre otras piezas, puede verse una réplica de la nave que capitaneó don Juan de Austria en la batalla de Lepanto.

## Llotja

Este edificio gótico de tres naves fue sede de la aduana donde se recaudaban los impuestos procedentes de las mercancías marítimas. En el siglo XVIII sufrió una remodelación y en el XIX acogió la Escuela de Bellas Artes y tuvo como alumnos a Pablo Picasso y Joan Miró. Actualmente es sede de la Bolsa.

## La recuperación de la Barceloneta

La Barceloneta fue hasta el año 1992 un tradicional barrio de pescadores, de callejas estrechas y mal urbanizado. A causa de las Olimpiadas se llevó a cabo una profunda transformación de la zona, con el saneamiento de las playas, la apertura de muelles y paseos marítimos y la construcción del puerto deportivo. Hoy, la Barceloneta, bien integrada con el resto de la ciudad, combina su ambiente popular con un gran número de restaurantes donde sirven pescado fresco, arroz y mariscos. Al inicio del Passeig Joan de Borbó, un antiguo edificio portuario alberga el Museu d'Historia de Catalunya.

# La Ribera

CONTIGUA AL BARRIO GÓTICO, ESTA ZONA FUE EN SU día el núcleo de actividad artesana y comercial de Barcelona. De calles tortuosas, los rótulos de muchas de éstas –Sombrerers, Sabateret, Vidriera, Calders, Formatgeria– denotan su carácter menestral, que hoy convive con la presencia de museos y galerías de arte, tiendas y bares de moda. En La Ribera se asienta Zeleste, un famoso templo de la música rockera.

## Museu Picasso

Cinco palacios góticos albergan una de las mejores colecciones del artista malagueño. Las más de 3.600 obras –dibujos y pinturas, grabados y cerámicas– se pueden ver en un recorrido organizado cronológicamente que arranca de los años de formación de Picasso y llega hasta el esplendor de su madurez.

## Palau de la Música Catalana

La sala de conciertos del palacio es una de las más exuberantes expresiones modernistas. Obra de Domènech i Montaner (1908), en la creación de las vidrieras, relieves, pinturas, esculturas, mosaicos, etcétera que ornamentan el interior del edificio, intervino un plantel de importantes artistas de la época.

**NERI H&R**
Sant Sever, 5.
Tel 933 04 06 55
La plaza a la que dan sus ventanas ofrece un espectáculo variopinto y un punto muy moderno que anima a numerosos artistas en la noche barcelonesa. El *glamour* vive dentro, alejado quizá del *disseny* mordernista catalán, pero con una decoración *high tech*. *(Ver pág. 133).*

**INFORMACIÓN**
Museu Picasso
Tel. 933 19 63 10
www.museupicasso.bcn.es
Palau de la Música Catalana
Tel. 902 44 28 82
www.palaumusica.org

## Parc de la Ciutadella

Este parque es el más antiguo y extenso de Barcelona y fue proyectado en 1872 en los terrenos que ocupaba la prisión-fortaleza levantada por Felipe V en el siglo XVIII. Aquí se celebró la Exposición Universal de 1888. Para la ocasión se construyeron buen número de edificios; se conservan algunos de ellos, como los que albergan los museos de Geología y Zoología. Un arco de triunfo de resonancias orientales, levantado en 1888, recibe a los visitantes. En el recinto, con fuentes, cascadas y un lago, se sitúan también un zoo, el Hivernacle (invernadero) y la sede del Parlamento de Catalunya.

# Santa Maria del Mar

ENCLAVADA EN EL BARRIO DE LA RIBERA, la iglesia es uno de los más espléndidos exponentes de la arquitectura gótica catalana. Se realizó en menos de 60 años, lo que explica la unidad de este grandioso templo, de una sencillez sublime. Las vidrieras, único ornamento de sus muros, colorean la luz que llega del exterior. Dotada de una magnífica acústica, tienen lugar en ella actividades musicales.

## Fachada

Apenas hay perspectivas, en este barrio de angostas calles, para contemplar la espléndida fachada. De una simetría perfecta, destacan la portada apuntada con arquivoltas, el enorme rosetón que ocupa el centro y las dos altas torres poligonales que se elevan muy por encima de la techumbre de la iglesia.

## Una nave excepcional

La luz tenue que se filtra a través de sus vidrieras ilumina un espacio diáfano recorrido por altísimas columnas que separan las naves y se ramifican en los nervios de las bóvedas. La desnudez de los muros en los que se abren las capillas resalta aún más las bellas proporciones de esta joya del gótico catalán.

## Girola

Líneas de fuga del interior de la catedral confluyen en el bosque de columnas que apuntan a lo alto y rodean el ábside formando el deambulatorio de la girola. Sus muros redondeados están rasgados por una doble hilera de ventanas con vidrieras artísticas realizadas entre los siglos XV y XVIII.

INFORMACIÓN
Información Turística
Tel. 807 11 72 22
Santa Maria del Mar
Tel. 933 10 23 90

## La catedral de La Ribera

En 1329, cuando se inició la construcción de la iglesia de Santa Maria del Mar, el barrio de La Ribera era el centro más activo de la vida comercial y marítima de Barcelona. En él se enclavaba la Llotja, donde se realizaban las transacciones de las mercancías que entraban en el puerto; en los astilleros medievales, las Reiales Drassanes, se construían los barcos que convirtieron a la corona de Aragón en potencia marítima. Los habitantes de La Ribera, artesanos, comerciantes, nobles y armadores, costearon la construcción de Santa Maria del Mar, símbolo de su pujanza.

# Fachada marítima

LA GRAN OPERACIÓN URBANÍSTICA LLEVADA a cabo en Barcelona a finales de los ochenta y principios de los noventa eliminó una serie de instalaciones obsoletas que separaban la ciudad del mar, creó calles y paseos marítimos, recuperó playas, construyó instalaciones deportivas y de ocio, y dejó tras de sí un buen número de edificios emblemáticos. El Forum de las Culturas de 2004 ha prolongado esta labor de transformación.

## Port Olímpic

A lo largo de este muelle para embarcaciones deportivas se extiende un amplio paseo marítimo repleto de chiringuitos, restaurantes y discotecas de moda. En la retaguardia, la Vila Olímpica, prolongación del Ensanche, con modernas viviendas levantadas para acoger a los atletas del 92 y dos modernos rascacielos.

## Playas

Desde el antiguo puerto hasta la desembocadura del río Besòs, se puede disfrutar de siete playas recuperadas y perfectamente acondicionadas. Parques, nuevas viviendas e instalaciones de ocio han sido construidos en la antesala urbana de estas playas, que cuentan con modernos accesos viarios y estaciones de metro.

## Recinto del Forum

En el extremo norte de la fachada marítima se levanta el recinto del Forum, inaugurado en 2004. La prolongación de la avenida Diagonal y la urbanización del barrio del Besòs han cambiado la faz de esta zona de la ciudad. Entre los edificios estrella se encuentran el Espacio Forum y el Centro de Convenciones.

## Reinventar la ciudad

Hasta la prolongación de Barcelona en su fachada marítima, la ciudad había crecido tradicionalmente hacia el interior. Barcelona, gracias a las obras llevadas a cabo en los últimos 15 años, es una ciudad renovada, en cuya planificación y realización han intervenido los más prestigiosos urbanistas y arquitectos nacionales e internacionales, y abierta al mar. Los nuevos rascacielos, instalaciones de ocio, museos, esculturas, plazas y parques de trazado contemporáneo son un foco de interés equivalente a los que tradicionalmente suponían el Barrio Gótico o los edificios y realizaciones modernistas.

# Pedralbes

AL PIE DE LA MONTAÑA DE COLLSEROLLA se encuentra el barrio de Pedralbes, un remanso de tranquilidad y calidad de vida. Casas ajardinadas, calles silenciosas y un monumento emblemático de la Barcelona medieval: el monasterio de Pedralbes. Fundado a principios del siglo XIV, tiene en su claustro una de las mejores muestras del gótico catalán. En la zona baja, el palacio Real alberga dos interesantes museos: el de Cerámica y el de Artes Decorativas.

## Claustro

El triple claustro es una muestra extraordinaria del gótico catalán. Pueden contemplarse diferentes dependencias, como la cocina o la botica. En la pequeña capilla de Sant Miquel destacan las magníficas pinturas murales de Ferrer Bassa, realizadas en 1346, en el estilo de la escuela de Siena.

## Monestir de Santa Maria

Fundado en 1326 por la reina Elisenda de Montcada, esposa de Jaime II de Aragón, se concluyó en 1419. La entrada de la iglesia está frente a la plaza. Es templo espacioso, de una sola nave y armonioso campanario. En una de las capillas laterales se encuentra el mausoleo de la fundadora.

## Palau Reial de Pedralbes

De aire italianizante, este palacio Real fue propiedad de Eusebio Güell, quien lo donó a la Familia Real en 1919. En 1937 se abrió al público con dos museos. En el de Artes Decorativas destaca la colección de muebles catalanes; el de Cerámica contiene desde obras de época árabe hasta de artistas como Picasso o Miró.

INFORMACIÓN

Monestir de Pedralbes
Tel. 932 03 92 82
Museu de Ceràmica y Museu dels Arts Decoratives
Tel 932 80 16 21

## Los jardines

Junto a la prolongación de la Diagonal se encuentra la entrada a este hermoso parque con laberintos de boj, macizos de flores, estanques, estatuas y senderos que los recorren. El autor del diseño de estos jardines fue Nicolau Rubió Tudurí, de la escuela del famoso paisajista francés Jean Claude Forestier, autor este último del parque de María Luisa de Sevilla y de los jardines de Montjuïc en Barcelona. En un lateral de los jardines de Pedralbes, en la avenida de Pedralbes, puede verse la verja de la entrada y los pabellones de la antigua finca Güell. Son obra de Antoni Gaudí, de quien Eusebio Güell fue el principal mecenas.

# Parc Güell

**Junto con la Sagrada Familia es la obra** más conocida de Antoni Gaudí, y desde luego la más espectacular. Lo que hoy se visita es sólo una parte pequeña del proyecto que Eusebio Güell encargó a Gaudí: se trataba de diseñar una ciudad-jardín en un terreno de 20 hectáreas que la familia poseía en las afueras de Barcelona. El parque fue realizado entre 1910 y 1914 y se abrió al público en 1922.

## Sala de las Cien Columnas

Desde la escalera principal, presidida por un gran dragón, se accede a este espacio pensado como lugar del mercado de la ciudad-jardín. Un bosque de 86 columnas inclinadas confiere un aspecto fantástico a esta sala. La estancia está cubierta, a resguardo de las lluvias, y decorada con mosaicos.

## Gran Plaça Circular

Aquí alcanza su apogeo la decoración de *trencadís,* mosaico de pedazos de vidrio y cerámica. La plaza, situada en alto, está bordeada por un banco-balcón con una barandilla serpenteante y llena de colorido. Josep Jujol, discípulo de Gaudí, colaboró decisivamente en este estupendo mirador sobre la ciudad.

## Casa-Museu de Gaudí

Durante 20 años de su vida, Antoni Gaudí vivió en esta casa situada en los jardines del parque Güell, que fue construida por su amigo Françesc

Berenguer. En ella se guardan numerosos recuerdos personales del arquitecto y artista: muebles, fotografías, cartas, libros y dibujos de obras, entre otros.

INFORMACIÓN

Parc Güell
Tel. 933 17 39 74
Museu de la Ciència
Tel. 932 12 60 50
Parque de Atracciones del Tibidabo
Tel. 932 11 79 42
Torre de Collserola
Tel. 934 06 93 54

## El Tibidabo

Esta colina que se levanta a algo más de 500 metros de altitud en el parque de Collserola, pulmón de Barcelona, es uno de los balcones más clásicos de la ciudad. A mitad de ascensión se sitúa el Museu de la Ciència, un centro apasionante e interactivo. En la cima hay merenderos, restaurantes y un parque de atracciones con instalaciones de principios de siglo, llenas de encanto, y vertiginosas norias para los más decididos. El templo del Sagrado Corazón corona el Tibidabo.

# Fundació Joan Miró

**De la colaboración entre el artista Joan Miró**, el arquitecto Josep Lluís Sert y el promotor artístico Joan Prats surgió la creación de esta fundación y el centro inaugurado en 1975. El edificio de Sert es una obra maestra de la arquitectura moderna. Situada en Montjuïc, la Fundació Miró contiene obras del creador mallorquín y es al tiempo espacio de exposiciones y núcleo de investigación artística.

### Edificio de Sert

Las líneas puras, la discreta horizontalidad y el color blanco de este singular edificio contribuyen a dar todo el protagonismo a las obras que contiene. La luz penetra tamizadamente en las salas comunicadas entre sí mediante rampas, mientras desde las terrazas se disfruta de amplias vistas de la ciudad.

### Colección Miró

Las obras aportadas por el propio artista y por coleccionistas, entre ellos el japonés Kazumasa Katsuta, a quien está dedicado el nuevo espacio, la sala K, abarcan todos los periodos y géneros de Miró: pinturas, esculturas, tapices y cerámicas. La *Serie de Barcelona* es un conjunto de 50 litografías.

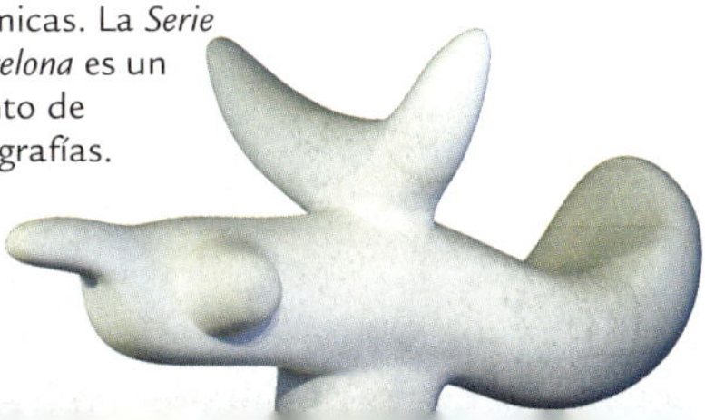

### La *Fuente de Mercurio* de Calder

Alexander Calder es uno de los más importantes artistas abstractos del siglo xx; sus móviles y esculturas se encuentran en los principales museos del mundo. La *Fuente de Mercurio* de la Fundació Miró se expuso en el Pabellón Español de la Exposición Universal de París de 1937 junto con el *Guernica* de Picasso y *El segador* de Miró.

INFORMACIÓN
Fundació Joan Miró
Tel. 934 43 94 70

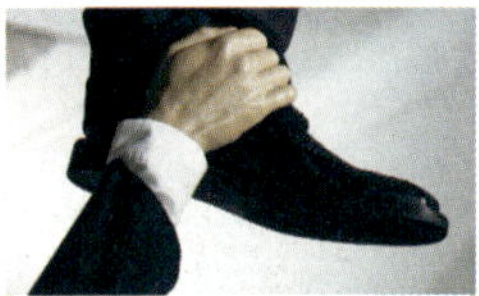

### Mucho más que un museo

Desde sus inicios, la Fundació Joan Miró se propuso ser un lugar de exposición pero también un espacio abierto a la creación y la difusión del arte. La colección permanente cuenta junto a las obras de Miró con numerosas aportaciones de artistas de primera fila que fueron sus amigos. El auditorio acoge conciertos, como el ciclo veraniego Noches de Música, y los fines de semana actividades para niños (teatro, circo y magia). Ofrece también cursos y conferencias sobre música y arte, y se enseña el funcionamiento de un museo.

# Museu Nacional d'Art de Catalunya

EL EXTRAORDINARIO PATRIMONIO ARTÍSTICO de Cataluña está representado en este museo que abarca un milenio de historia, desde el prerrománico a las vanguardias del siglo XX. Lo más notable de sus colecciones es sin duda el arte medieval, románico y gótico. El edificio que lo contiene, el Palau Nacional, precedido de la monumental fuente de Montjuïc, fue construido para la Exposición Universal de 1929.

## El románico

No existe en el mundo una colección de pintura mural románica como la que se ve en este museo. Para evitar su deterioro, se trasladaron mediante complejas técnicas los frescos de las iglesias dispersas por Cataluña. Entre las principales joyas se encuentran los frescos de Sant Climent y Santa Maria de Taüll.

## El gótico

Coincidiendo con la máxima expansión de Cataluña en el área mediterránea, el arte gótico comprendido entre los siglos XIII y XV refleja todas las influencias exteriores, italiana y flamenca principalmente. Puede verse una gran riqueza en pintura, escultura en piedra, en madera y marfil, y orfebrería.

### RELAIS D'ORSÀ

Mont d'Orsà, 35.
Palacete neoclásico de influencia francesa que disfruta de las mejores vistas del entramado urbano.

La zona destila una paz y tranquilidad absolutas. Dormitorios victorianos donde dialogan detalles de exquisito gusto. *(Ver pág. 133).*

## Plaça d'Espanya

La plaza de España tiene una grandiosidad escenográfica. La fuente monumental, de Josep Jujol, discípulo de Gaudí, ocupa el centro, y en dirección a Montjuïc arranca una gran avenida a la que dan entrada dos altos campanarios de ladrillo, de inspiración veneciana. A los lados, los pabellones de la Fira de Barcelona y los que se levantaron para la exposición de 1929. Aquí se encuentra también CaixaForum, centro cultural en una antigua fábrica modernista. Ver de noche la iluminada Font Màgica y el Palau Nacional completa la espectacularidad del lugar.

### INFORMACIÓN

Museu Nacional d'Art de Catalunya (MNAC)
Tel. 936 22 03 76
CaixaForum
Tel. 934 76 86 00

# Montjuïc

**DOMINANDO LA FACHADA MARÍTIMA** se alza esta colina verde surcada de paseos que dan entrada a un gran número de centros de arte, modernos equipamientos deportivos e instalaciones de ocio. En lo alto, el castillo de Montjuïc, lugar en el que se sitúa el origen de Barcelona, fue construido en 1640 para defender la ciudad frente al ataque de Felipe IV. Un hermoso cementerio baja por la ladera hacia el mar

## Pabellón Mies van der Rohe

Este sutil edificio de piedra y cristal fue levantado por el arquitecto Ludwig Mies van der Rohe, director de la vanguardista escuela Bauhaus, como pabellón alemán para la Exposición

Universal de 1929. De una modernidad sorprendente para la época, fue demolido y posteriormente reconstruido en 1986.

## Anella Olímpica

En la anilla se sitúan dos equipamientos que concentraron las principales competiciones olímpicas de 1992. El Estadi Olímpic, construido en 1929 y pensado para las frustradas Olimpiadas de 1936, fue ampliado y remodelado para las del 92. El Palau Sant Jordi, con su espectacular cubierta, es obra de Arata Isozaki.

## Castell de Montjuïc

Todo un símbolo de la rebelión barcelonesa frente a Felipe IV en 1640, este bastión con planta de

estrella fue destruido por Felipe V en 1705. Más tarde reconstruido, fue ocupado por los franceses en la guerra de la Independencia, sirvió tras la Guerra Civil de cárcel y alberga hoy un museo militar.

INFORMACIÓN

Estadi Olímpic y Palau Sant Jordi
Tel. 934 26 20 89
Poble Espanyol
Tel. 935 08 63 30

## El Poble Espanyol y la Exposición de 1929

La primera gran transformación de la colina de Montjuïc acaeció en 1929 con ocasión de la Exposición Universal que tuvo su sede en Barcelona. Para la ocasión se construyeron el Palau Nacional, actual MNAC, los pabellones que rodean la avenida de la Reina María Cristina, las fuentes y el Pueblo Español. Este último, una pequeña ciudad compendio de los estilos arquitectónicos y la artesanía más característicos de España, es uno de los equipamientos de ocio más populares de Barcelona. Demostraciones en vivo de artesanía, tiendas, cafés, bares y salas de conciertos y actividades se reparten el espacio.

# Vivir Barcelona I

## Por el Passeig de Gràcia

Sus andenes y aceras son un magnífico lugar para caminar admirando las farolas y las fachadas de las casas en las que rivalizaron los genios de la arquitectura modernista. A partir de la primavera, las terrazas a pie de calle ofrecen un mirador privilegiado para observar el ambiente cosmopolita del paseo.

## De compras

Del comercio tradicional al más vanguardista. Barcelona ofrece a los visitantes el *Shopping Line,* un eje de cinco kilómetros salpicado de tiendas que comienza en el puerto y recorre el centro de la ciudad hasta la Diagonal. El Tombbús es un autobús especial que realiza buena parte de este trayecto.

## Un plan relajante

En plena ciudad se puede disfrutar de los beneficios de las aguas termales, con circuitos relax y anti-estrés, baños tonificantes o baño turco, así como reconfortantes masajes. Los balnearios urbanos Centro Sol y Agua tienen dos establecimientos situados en Pau Clarís, 87, y Viladomat, 320.

## Un recorrido en el Bus Turístic

En este transporte, con el piso superior descubierto, se puede recorrer la ciudad. El autobús sale cada 30 minutos de la Plaça de Catalunya y realiza 27 paradas a lo largo de su trayecto. Los viajeros se detienen en los distintos lugares y monumentos durante todo el tiempo que deseen.

## Para niños

El Aquarium, situado en el Moll d'Espanya, y el zoo de la Ciutadella, donde aún recuerdan a Copito de Nieve, son dos propuestas interesantes. A ellas se suman el Museo de Cera, con su correspondiente itinerario del horror, en Pge. de la Banca, 7, y el Museo El Rey de la Magia, en Oli, 6.

## Barcelona con descuento

Con la tarjeta Barcelona Card se puede viajar gratuitamente en los transportes públicos, ahorrar la entrada a los museos y obtener descuentos en tiendas, espectáculos y restaurantes. Se compra en las oficinas de Turismo y está disponible para uno, dos, tres, cuatro o cinco días.

## Hacer la compra en la Boqueria

Ningún mercado expone sus mercancías con el gusto y la exuberancia con que lo hace este templo de la compra. Frutas, verduras y pescados asoman llamativos con sus brillos y colores. También se pueden adquirir *delicatessen*. La Boquería está en la Rambla.

## De noche por los tejados

La azotea de la Casa Milà, La Pedrera, situada en Passeig de Gràcia, 92, es un lugar ideal para tomar una copa en las noches de verano escuchando música en vivo. Desde el tejado de La Pedrera, entre chimeneas de originales formas, se domina una estupenda panorámica del Ensanche barcelonés.

## Con mucho aroma

La perfumería Regia, situada en el Passeig de Gràcia, 39, da acceso a un curioso Museo del Perfume. En él se muestra una amplia colección de frascos de perfume desde la antigüedad clásica hasta el diseño más actual, y diversos utensilios utilizados en la fabricación de productos cosméticos.

## Una tarde en la ópera

El lugar indicado para escuchar a los mejores cantantes y asistir a representaciones clásicas y montajes vanguardistas es el Gran Teatre del Liceu. Tras el incendio sufrido en 1994, su reapertura le ha dotado de un nuevo vigor y ofrece una extensa temporada de ópera que va de noviembre a mayo.

## Copas de diseño

Unos locales se distinguen por su música, otros ofrecen exposiciones, la mayoría rivalizan en diseño: atrevido, *kitsch*, minimalista, inclasificable... La moda es cambiante, pero una de las zonas donde abundan los cafés y bares de copas es el entorno de Santa Maria del Mar, en la periferia del Barri Gòtic.

# Vivir Barcelona II

## Mercados de antigüedades
Los coleccionistas de piezas antiguas se encontrarán a sus anchas. Los jueves, de 10.00 a 20.00, se celebran el Mercado Gótico de Antigüedades, en la Plaça Nova, y el Mercat d'Antiquitats de les Corts, en la Avinguda Josep Tarradelles, 121. Los martes, de 9.00 a 18.00, es el día de la Fira dels Brocanters en la Plaça Sarrià.

## Fira de Santa Llusia
En las fechas próximas a la Navidad —santa Lucía tiene su día el 21 de diciembre— los alrededores de la catedral se llenan de tenderetes; es la feria más popular de la ciudad. Dominan los puestos de belenes y figuritas, pero también pueden encontrarse todo tipo de artesanías y objetos de regalo.

## Comer pescado en la Barceloneta
Este antiguo barrio de pescadores remodelado para 1992 presume de que en sus populares establecimientos se come el mejor pescado de la ciudad. El centro de la Barceloneta es la Plaça de la Font. En el Carrer Maquinista y el Passeig Joan de Borbó abundan los bares y restaurantes.

## Un vino con vistas
La Plaça de Santa Maria, frente a la fachada de la basílica de Santa Maria del Mar, es el centro vital del barrio del Born. Entre los muchos bares que sacan sus terrazas a la calle, tiene sus raíces un clásico, la Vinya del Senyor. Tomar aquí un vino a mediodía o por la noche forma parte del ritual.

## Un mirador a la última
La torre de comunicaciones de Collserola fue realizada para las Olimpiadas de 1992 por el arquitecto Norman Foster. Desde la planta 10 del edificio, situado en la sierra de Collserola, la vista de la ciudad es completa. Se llega hasta las proximidades en el funicular de Vallvidriera o en el del Tibidabo.

## Cultura y bohemia en Gràcia
Este barrio situado al norte de la Diagonal es un hervidero de calles estrechas y plazas con sabor. Artesanos y artistas abren aquí sus talleres y galerías, hay tiendas para todos los gustos y abundan los bares, cines y teatros. Los fines de semana, los locales de la Travessera sacan sus mercancías a la calle.

## La música más trepidante

Los circuitos de la nocturnidad barcelonesa son muchos. Un área muy concurrida por los jóvenes amantes del ritmo y sin limitaciones horarias es el Maremagnum. En este complejo ubicado en el Port Vell, una plataforma artificial creada al borde del agua, la música suena hasta bien entrada la madrugada.

## Flores y libros

El 23 de abril, día de Sant Jordi, el centro de la ciudad se llena de puestos de libros y rosas que los barceloneses se obsequian entre sí. Durante el resto del año, las Ramblas, un paseo inexcusable, ofrecen al viandante sus quioscos repletos de flores y plantas, libros, revistas y periódicos.

## La ciudad desde el mar

Las "golondrinas" son muy populares en Barcelona. Estas embarcaciones, con salida y llegada en el Port Vell, junto al monumento a Colón, realizan un paseo por el mar que rodea la ciudad. Hay itinerarios de distinta duración y algunos barcos tienen el suelo de cristal para ver el fondo marino.

## Barcelona en bicicleta

Barcelona tiene pocas cuestas y un tráfico moderadamente civilizado que permite pasear por sus calles y avenidas en bicicleta. El itinerario lo pone cada uno, plano en mano. Las bicicletas se pueden alquilar por horas, día entero o fin de semana en la Plaça de Catalunya o junto al monumento a Colón.

Assortit de gelats

# Sitges esencial

## Museu Maricel de Mar

Antiguo hospital gótico transformado a principios del siglo XX por Miguel Utrillo para el millonario estadounidense Charles Deering. Sorprendente conjunto repleto de muebles renacentistas, tallas barrocas, retablos góticos, instrumentos musicales o esculturas noucentistas.

## Baluard

La característica silueta de la iglesia de San Bartolomé y Santa Tecla, con sus dos torres desiguales, mira hacia el paseo Marítimo componiendo una de las estampas más clásicas de Sitges. A su lado, el Baluarte es un magnífico mirador hacia el Mediterráneo.

## La Vila Vella

El núcleo antiguo de Sitges es una evocadora mezcla de pequeñas casas blancas de pasado marinero y edificios modernistas o eclécticos, legado de los "americanos" que hicieron fortuna. El Raçò de la Calma, la calle Major, la de Bosch o la del Aigua tienen un particular encanto.

## Museu Romàntic

Instalado en la casa Llopis, residencia señorial de finales del XVIII, evoca toda una época que refleja los modos de vida de la burguesía. En la segunda planta está instalada la colección Lola Anglada de muñecas, con ejemplares de los siglos XVII, XVIII y XIX.

SITGES SIGUE SIENDO UNA DE LAS LOCALIDADES más frecuentadas de toda Cataluña. Las posibilidades aquí son extraordinarias: disfrutar de sus amplias playas, pasear por las calles de la Vila Vella, curiosear en alguno de sus museos o sentarse en alguna de las terrazas de la calle 1° de Mayo son sólo algunas de las opciones. Con el añadido de que, a diferencia de otras localidades de costa, Sitges permanece activa durante todo el año.

## Museu del Cau Ferrat

Antiguas casas de pescadores remodeladas en estilo neomedievalista para residencia de Santiago Rusiñol. Consigue transmitir al visitante el espíritu de la cultura como juego a través de las colecciones de pintura, escultura, cerámica y hierro forjado.

## Passeig Marítim

Deambular por el paseo Marítimo y por el de la Ribera al borde del Mediterráneo es una muy grata experiencia. Cientos de palmeras adornan el paseo, especialmente animado en el tramo más próximo al casco antiguo, con bonitas arquitecturas y frecuentadas terrazas.

## Playas

Las amplias y doradas playas de Sitges son habituales de la bandera azul. Comprenden 4 kilómetros de costa repartidos entre 16 playas. A su calidad se une un acendrado cosmopolitismo, con usuarios de múltiples nacionalidades.

## Carnavales

Los carnavales de Sitges son internacionalmente famosos, con las comparsas más atrevidas y ruidosas. Más de 4.000 personas y 50 carrozas animan ininterrumpidamente. Durante este tiempo la ciudad costera se convierte en la capital gay del continente.

# La Vila Vella

TODO EL NÚCLEO ANTIGUO DE LA SITGES histórica es una atractiva mezcla de pequeñas casas blancas de pasado marinero y edificios modernistas, o eclécticos, legado de los "americanos" que hicieron fortuna al otro lado del Atlántico. Estrechas, empedradas y limpias callejuelas como la calle Major, la de Bosch, o la del Aigua. El Raçò de la Calma, junto al conjunto de Maricel, tiene un particular encanto.

## Ayuntamiento

Edificio historicista de estilo gótico, construido donde se levantaba el antiguo castillo. El pórtico principal se inspira en las logias medievales y la fachada muestra cuadrifolios, ventanas lobuladas y temas heráldicos. En el interior del consistorio son interesantes la escalera y las arcadas de la primera planta.

## Sant Bartomeu y Santa Tecla

En el Baluard, frente a la playa de la Ribera, es uno de los temas preferidos por los pintores. La iglesia es del siglo XVII, con dos torres, tres naves y un retablo gótico. La torre del reloj público fue el antiguo *comunidor,* desde donde se conjuraban las tempestades.

## Raçò de la Calma

En el corazón modernista de Sitges, en torno al Cau Ferrat y los dos edificios del viejo hospital que reciben el nombre de Maricel de Mar y Maricel de Tierra, unidos por un arco, se encuentra el llamado Rincón de la Calma. Es, sin duda, uno de los parajes con más personalidad de Sitges.

## La ruta de los "americanos"

En las calles del centro y al borde del paseo se conservan edificaciones construidas por los ricos emigrantes, los "americanos" que hicieron su fortuna en Cuba. Las más antiguas datan de finales del siglo XVIII, pero el grueso de esta arquitectura corresponde a los años que van desde 1850 a 1930, abarcando los diversos estilos del momento: neoclasicismo, eclecticismo en toda su gama, modernismo y noucentismo. La modernista casa del Reloj, en la plaza del Cap de la Vila, o la de Severiano Virella en el Carrer Jesús, son dos buenos ejemplos.

### INFORMACIÓN

Oficina de Turismo
Tel. 902 10 34 28/
938 94 50 04

# Maricel de Mar

**Hacia 1910, el millonario y coleccionista** Charles Deering decidió transformar el antiguo hospital de Maricel en museo y residencia. De este modo Miguel Utrillo ideó un atrevido y plástico edificio con puerta plateresca, claustro neorrománico, collages cerámicos, ventanas geminadas, salones góticos... Ahora el museo acoge otro importante legado artístico, el de Pérez Rosales, junto a la pinacoteca municipal y una colección de instrumentos náuticos.

## Colección Pérez Rosales

Ocupa la planta baja y el primer piso, y recoge la extraordinaria colección de pintura y escultura románica, gótica, renacentista y barroca del doctor Pérez Rosales. Se acompaña de un amplio muestrario de lámparas, instrumentos musicales y mobiliario de la época de Luis XV y Luis XVI.

## Náutica y pintura

La pinacoteca municipal recoge un variado catálogo de pintores —Miguel Utrillo, Santiago Rusiñol o Joaquim Sunyer— vinculados a Sitges que recorre corrientes como el romanticismo, el modernismo o el noucentismo. En una sala especial está la colección de instrumentos náuticos de Emrencià Roig.

## De hospital a museo

En 1910 Miguel Utrillo transformó para Charles Deering los edificios del antiguo hospital de Sitges realizando un fantástico conjunto en lenguaje noucentista. Las fachadas blancas incorporan elementos como la puerta gótica, las ventanas geminadas o los capiteles. Los elementos cerámicos de la terraza proporcionan un atractivo contraste, mientras que la torre con almenas y el puente-corredor ayudan a proporcionar un lenguaje propio al edificio. En el interior destacan las pinturas murales de Sert, la gran sala gótica o el claustro.

## Escultura

Además de las muestras góticas y renacentistas, una pequeña lonja con capiteles románicos reutilizados acoge la colección de escultura nouecentista catalana. Entre las obras aparecen algunas de gran interés, como son *El descanso* y *La gitana adolescente,* ambas de Rebull.

INFORMACIÓN

Festival Internacional de Cine Fantástico
Tel. 938 94 03 64

# El Cau Ferrat

SANTIAGO RUSIÑOL HIZO DE SITGES UNA ATRACTIVA corte cultural e intelectual. Construyó el Cau Ferrat, y al morir en 1931 lo legó a su lugar adoptivo con la condición de convertirlo en museo. Y así funciona, desde 1933, consiguiendo transmitir al visitante el espíritu de la cultura como juego a través de las colecciones de pintura, escultura, cerámica o la de hierro forjado, esta última extraordinaria y sorprendente.

## Edificio

En 1893 Santiago Rusiñol adquirió dos casas de pescadores del siglo XVI, encargando su reforma a Francesc Rogent. Así nació el Cau Ferrat, neomedieval, gótico, aprovechando restos del antiguo castillo de Sitges. Lenguaje historicista que se funde con el cálido contraste de colores y cerámicas.

## Colección de pintura

Instalada en la planta baja del Cau Ferrat, entre cerámicas y sobre el añil intenso de las paredes, muestra una infinidad de cuadros coleccionados por Rusiñol a lo largo de su vida: de Picasso, Zuloaga, Llimona, Novell y Casas, entre otros; además de una parte importante de la obra del propio Rusiñol.

## Hierros forjados

En la planta alta del edificio se encuentra la colección de hierros forjados, 700 piezas de estilo y épocas diferentes (siglo XII al XIX): aldabas, cerraduras, llaves, candelabros, cruces o picaportes del XVI. También están *La Magdalena penitente* y el *Arrepentimiento de san Pedro,* de El Greco.

## Las fiestas modernistas

Fue en octubre de 1891 cuando Santiago Rusiñol conoció Sitges; le deslumbró y acabó cautivándole. A Rusiñol se sumaron pronto Ramón Casas, Miguel Utrillo, Eliseu Meitrén, todo el grupo de *L'Avenç.* Organizaron las célebres fiestas modernistas, hasta cinco, con exposiciones, conciertos, bailes y teatro. La tercera incluyó en su programa la solemne entrada en procesión de dos cuadros de El Greco y la inauguración del Cau Ferrat, la casa-taller de Rusiñol. Puede decirse que desde entonces Sitges enarboló la bandera de la modernidad.

INFORMACIÓN

Consorci del Patrimoni de Sitges
Tel. 938 94 03 64

# Museos de Vilanova i la Geltrú

La suma de los antiguos términos de Vilanova de Cubelles y el de Geltrú dio luz a Vilanova i la Geltrú, activa y animada ciudad capital de la comarca del Garraf. La Rambla, con su kilómetro largo de recorrido, es la arteria comercial, y en el Passeig Marítim, muy concurrido, no escasean las edificaciones. En Sant Cristòfol vivió y murió Eugeni d'Ors, Xenius, y en la torre de Ribes Roges, Guinovart ha reinterpretado el mundo marinero.

## Museu del Ferrocarril

Emplazado junto a la estación de Vilanova i la Geltrú, como corresponde, ofrece al visitante una de las más completa colecciones de locomotoras existentes en España. Las máquinas han sido vistosamente instaladas en una rotonda de cocheras y talleres del XIX, puente giratorio incluido.

## Museu Romàntic Can Papiol

Instalado en la vivienda dieciochesca de Francesc de Papiol i de Padró, refleja los modos de vida de la burguesía catalana con el gran salón de baile, la biblioteca y los suntuosos dormitorios que conviven con una capilla privada, en la que se guardan las reliquias de santa Constanza.

## Pequeños grandes museos

La Masìa Can Cabanyes, casa *pairal* del XVIII, neoclásica, hace de museo de las objetos personales del poeta romántico Manuel Cabanyes. El Museu de Curiositats Marineres Roig Toqués invita a sumergirse en el más insólito mundo de la navegación. Se puede encontrar desde un mapa dibujado por Cristóbal Colón hasta una barca de pesca tallada en un grano de trigo de 2 mm, todo ello rodeado de mascarones, timones, anclas, bitácoras...
El castillo de la Geltrú, con una cuidada restauración, está ocupado por el Archivo Municipal.

## Biblioteca Museu Balaguer

En un edificoalejandrino, entre egipcio y griego, se aloja este museo misceláneo, que ofrece colecciones de pintura, escultura, cerámica, numismática, arqueología, artes decorativas.... La biblioteca cuenta con 40.000 volúmenes y casi 2.000 títulos en publicaciones periódicas.

INFORMACIÓN
Ayuntamiento
Tel. 938 14 00 00

# Tarragona esencial

## Museu Arqueològic
Visita imprescindible, es uno de los más ricos museos de arqueología romana. La colección, fruto de los hallazgos encontrados en Tarragona y sus alrededores, cuenta con piezas de valor incalculable como el mosaico de la Medusa, la pequeña Venus o el busto de Lucio Vero.

## Tarragona romana
La huella de Roma es el plato fuerte de la visita a la ciudad de Tarragona. Conserva buena parte de la muralla: el anfiteatro, el *pretorium,* el circo y el foro de la colonia. Por el resto de la ciudad, como en la plaza del Pallol, abundan los restos romanos.

## Museo Diocesà
El tapiz flamenco de la Buena Vida, el relieve de san Jerónimo en alabastro policromado, el sarcófago de Apolo y las nueve musas, un arco árabe originario de Madinat-al-Zahara y los magníficos retablos y tablas góticas son una breve muestra de los fondos de este museo.

**BAÑADA DE LUZ, TEMPLADA DE CLIMA, TARRAGONA DESPLIEGA** sus encantos de ciudad abierta y mediterránea. Además de su apabullante legado histórico, es la segunda área industrial de Cataluña, uno de los primeros puertos marítimos de la Península y destino turístico favorito de miles de visitantes que se renuevan año tras año. Ni demasiado grande, ni tan pequeña que no pueda ofrecer un alto nivel de servicios.

## Anfiteatro

A media ladera sobre la playa del Milacre, es un tipo de edificio muy escaso en la Península. Hacia el siglo VI, en recuerdo del martirio de Fructuoso y sus diáconos, se levantó sobre la arena una basílica visigótica sustituida por otra iglesia románica, Santa Maria del Miracle.

## Ciudad medieval

La ciudad medieval es otro de los puntos fuertes de la visita, apreciable en la judería, las Voltes de la Mercería, la plaza del Pallol, el palacio del Camarero, con fachada y el pórtico románico, o el hospital de Santa Tecla. Imprescindible la casa Castellarnau.

## Catedral

De planta basilical de tres naves, crucero y ábside, fue iniciada en estilo románico pero se finalizó en clave gótica. Tras su imponente portada se hallan extraordinarios retablos, la capilla de los Sastres y el gran claustro con la magnífica puerta de acceso.

## Hospital de la Seu

El hospital de la Seu está en la calle de Les Coques. Cumplía las funciones de refugio nocturno de pobres, recogía a los niños huérfanos y asistía a los enfermos. Se conserva de esta época la fachada principal con cinco arcos de medio punto.

# Tarragona y su entorno romano

**La presencia de Roma en Tarragona** es de tal densidad que no se ciñe exclusivamente al interior de la ciudad. En su entorno inmediato se despliega un buen número de restos arqueológicos de notable importancia, como el Arc de Berà y la torre de los Escipiones; o el Pont del Diablo y la cantera del Médol. Y un poco más alejado, el mausoleo imperial de Centelles, en Constantí, uno de los más antiguos edificios funerarios cristianos.

## Torre de los Escipiones

A 5 kilómetros de Tarragona se levanta este monumento funerario del siglo I, de planta cuadrada y tres cuerpos superpuestos de inferior tamaño a medida que ascienden. Las dos figuras del segundo cuerpo que representan a Atis, divinidad frigia, fueron relacionadas con los Escipiones.

## Pont del Diable

Entre pinares se encuentra el acueducto de Ferreres, el Pont del Diable, a 4 kilómetros escasos de Tarragona. Es obra del siglo I, con dos pisos de arcadas superpuestas construidos con sillares de piedra unidos en seco. Tiene una altura máxima de 27 metros y un largo de 217.

## Arc de Berà

Plantado desde el siglo I sobre el trazado de la Vía Augusta, es un proporcionado monumento de sobria estructura con un solo arco. Ocho pilastras estriadas coronadas por capiteles corintios sostienen el entablamiento, con un friso dedicado al cónsul Lucio Licinio Saura.

### INFORMACIÓN

Patronato Municipal de Turismo
Tel. 977 25 07 95
Mausoleo de Centelles
Tel. 977 52 33 74
www.tarragonaturisme.es

## Mausoleo de Centelles

A seis kilómetros de Tarragona, en Constantí, se encuentra la villa romana de Centelles, mausoleo imperial del siglo IV que pudo ser la tumba del hijo de Constantino, el emperador Constante I. En la cúpula puede contemplarse el magnífico mosaico polícromo de temática cristiana más antiguo del mundo romano. El ciclo de la cacería de ciervos de la zona inferior se separa con cenefas geométricas de las 16 escenas del Nuevo y Viejo Testamento. Más arriba se representan las estaciones del año.

# Anfiteatro

**Resulta muy sencillo comprender, una vez** en las gradas del anfiteatro, a media ladera sobre la playa del Milacre y recortadas contra el horizonte turquesa del mar Mediterráneo, el porqué de ese ensimismamiento súbito de los Escipiones con el lugar en el que fundaron el campamento primitivo. El espectáculo lo servían gladiadores o las cacerías de animales salvajes entre el tronar de la multitud, y también era lugar de martirios.

## Santa Maria del Miracle

Hacia el siglo VI, en recuerdo del martirio de Fructuoso y sus diáconos, se levantó sobre la arena del anfiteatro una basílica visigótica de tres naves que en el siglo XII sería sustituida por otra iglesia románica, Santa Maria del Miracle. Sus restos pueden contemplarse desde una pasarela elevada.

## Anfiteatro

De forma elíptica, con 109,5 metros de longitud por 86,5 de anchura, es un tipo de edificio muy escaso en la Península. Disponía de una zona central para espectáculos, la arena, y la grada en la que se sentaba el público. Entre ambas el podio, que rodeaba todo el perímetro excepto las dos puertas.

## Paseo de las Palmeras

El anfiteatro se encuentra en magnífica posición, sobre la ladera del pequeño cerro que desciende hasta el mar. Para llegar hasta él se desciende por el paseo de las Palmeras, jardín que comunica las dos ramblas de Tarragona. La vista hacia el Mediterráneo es espectacular.

## Tarraco capital romana

En tiempos de Augusto, Tarraco ocupaba una extensión de 60 hectáreas y vivían en ella 30.000 vecinos. El foro provincial ocupaba la zona superior, con los templos para el culto imperial. El circo se levantó en la zona media junto con otros edificios edilicios. En la inferior se establecieron el foro, el teatro, el anfiteatro y el área residencial. Por Tarraco pasaron Julio César, Augusto y Pablo de Tarso, que en su visita atrajo a santa Tecla al cristianismo. En el siglo III tenía obispo, Fructuoso, que fue mártir bajo la persecución de Diocleciano.

### INFORMACIÓN

Anfiteatro
Tel. 977 24 22 20

# Muralla romana

Construida a finales del siglo iii a. C., la muralla romana alcanzaba una longitud de 4 kilómetros con alturas que llegaban hasta los 12 metros. Se conserva la cuarta parte de esta formidable obra de arquitectura militar. Entre el recinto romano y la contramuralla, levantada en el siglo xviii, discurre el Passeig Arqueològic, ajardinado, que cuenta con una reproducción de la estatua de Augusto en la Prima Porta y ofrece magníficas vistas de la Tarragona moderna.

## Muralla romana

Sin argamasa que las una, las gigantescas piedras de la muralla son el único resto conservado de la época republicana romana y el más antiguo de toda la península Ibérica. La parte más antigua está construida con grandes bloques de piedra irregular que alcanzan alturas de 6 metros.

## Torres

Se mantienen en pie tres de las torres de la muralla. Dos de ellas cuentan con añadidos posteriores: la del Arquebisbe, o del Paborde, adosada al palacio Arzobispal, cuya parte inferior es romana; y la del Cabiscol o del Seminari. La torre de Minerva, por el contrario, es la más auténtica.

## Puertas ciclópeas

La segunda fase de la muralla, del siglo ii, se caracteriza por los grandes bloques de piedra inferiores y los sillares almohadillados. Alcanza alturas de 12 metros y en ella se encuentran las 6 famosas "puertas ciclópeas", llamadas así por estar construidas con bloques de piedra de grandes dimensiones.

## De Cesse a Tarraco

Fue en 218 a. C cuando los Escipiones establecieron su campamento militar en el promontorio de Tarragona donde estaba Cesse. Desde aquí se organizó el sometimiento de ilergetes, lacetanos y ausetanos. La derrota de Cartago, el afianzamiento de Roma en la Península y sus condiciones naturales hicieron pronto de Tarraco una urbe de primer nivel. Recibiría la categoría de Colonia de Derecho Romano y, finalmente, en el año 27 a. C., la designación como capital de la Tarraconense, una de las dos provincias en que se dividía Hispania.

# Pretorio y circo romano

ESTE RECINTO MONUMENTAL ES UNO DE LOS ELEMENTOS más característicos de la Tarragona romana. Forman el conjunto el edificio del pretorio, el circo romano y los túneles abovedados que los comunican. El circo, construido en la época de Domiciano (81-96), era un impresionante rectángulo alargado de unos 325 metros de longitud por 115 metros de anchura. En el Museo del Pretorio se conservan importantes obras entre las que destaca el sarcófago de Hipólito.

## Circo
La grada rodeaba el circo por tres de sus lados. El cuarto servía para la entrada o salida de las cuadrigas. 60 arcos de

medio punto separados por pilastras formaban la fachada; se conservan tres en la cabecera. Un conjunto de bóvedas sostenía la plataforma del circo y las gradas.

## Sarcófago de Hipólito
Es la pieza central del museo, extraordinariamente bien conservado a pesar de ser obra de taller griego de principios del siglo III, desarrolla en sus cuatro caras el mito de Hipólito y Fedra, su incestuosa madrastra, quien al verse rechazada planeó matarlo con la complicidad de Poseidón.

## Pretorio
La torre de Pilats fue sede administrativa, palacio real, cuartel militar, presidio y, ahora, museo. Gótico en su mayor parte, se comunica con el circo a través de túneles abovedados, un itinerario lleno de evocaciones. Desde la torre se observa una vista del mar y la ciudad impresionante.

## El foro de la colonia
Tarragona, como ciudad principal, disfrutaba de su propio foro. Era el espacio público por excelencia, el centro de la vida política y ciudadana. A él se acudía para comprar, vender, realizar gestiones o simplemente verse. La basílica es el edificio mejor conservado, una construcción de tres naves, la central más alta y el doble de ancha que las laterales. Estaba rodeada en todo su perímetro por un corredor delimitado por columnas de estilo corintio de las que se conservan siete de sus bases en el lugar original.

INFORMACIÓN
Foro
Tel. 977 24 25 01
www.museutgn.com

# Museu Nacional Arqueològic

TARRAGONA SE SUPERPONE A TARRACO COMO UNA segunda piel, de modo que la expansión de la ciudad y las obras del puerto fueron sacando a la luz las huellas de este pasado abrumador. En cualquier parte puede aparecer un ánfora, el resto de una estela, una mano o un pie de alguna escultura. Todos los objetos se encuentran en el museo, instalado en un edificio que se apoya sobre la muralla romana y cuyos incontables fondos se exhiben en diez salas distribuidas por cuatro plantas.

## Arquitecturas

En la planta baja del museo se ordenan los restos arquitectónicos de los edificios monumentales de Tarraco. Es una información básica para comprender el aspecto que tenían el circo, el teatro, el foro provincial o los numerosos templos que se distribuían por la capital de la Tarraconense ibérica.

## Mosaico de la Medusa

La colección de los mosaicos que engalanaban las villas romanas es extraordinaria, cubriendo un amplio registro de formatos, técnicas y motivos decorativos. Destacan entre todos el de la Medusa, realizado a finales del siglo II, que alcanza una impresionante expresividad.

## Escultura

Es impresionante el conjunto de esculturas de divinidades romanas y personajes ilustres que alberga el museo. El busto de Lucio Vero, obra del siglo II, la dedicada a la diosa Venus o la cabeza de Minerva son magníficos ejemplos; sin olvidar la colección de urnas y esculturas funerarias.

## La necrópolis paleocristiana

El museo y la necrópolis paleocristiana se encuentran en la avenida de Ramón y Cajal. La necrópolis data de la segunda mitad del siglo III, y los trabajos de excavación pusieron al descubierto hasta 2.050 tumbas. Un fragmento de losa de altar parece confirmar que creció alrededor de una tumba santa. Las inhumaciones más frecuentes son tégulas, ánforas y simples fosas, con ataúdes de madera tapados con losas o dentro de sarcófagos de plomo, piedra, mármol o con cubierta de mosaico polícromo.

INFORMACIÓN

Museu Arqueològic
Tel. 977 23 62 09
Necròpolis paleocristiana
Tel. 977 23 62 09

# Tarragona medieval

**ALLÁ POR EL SIGLO XII TARRAGONA VOLVIÓ A MANOS** cristianas tras una verdadera cruzada internacional bajo protección papal. La parte alta de Tarragona combina los elementos clásicos de una ciudad del Medievo –catedral, castillo, mercado– con los vestigios del pasado romano. Ahora, la Tarragona medieval vive una suerte de renacimiento como lugar de esparcimiento y ocio, lo que incorpora un atractivo añadido al paseo por sus calles.

## Plaça del Pallol

Un rincón especialmente evocador dentro de la Tarragona medieval, con su mezcla de restos romanos y edificios góticos. Un buen ejemplo es la sede de la Antigua Audiencia, que junto a sus pórticos y ventanales góticos mantiene los vestigios de la puerta romana del foro provincial.

## Pórticos de la Merceria

Los pórticos *(voltes)* góticos de la Mercería, del siglo xiv, son interesantes porches con arcos apuntados situados en una de los ejes comerciales más importantes de la ciudad medieval, la actual calle Merceria.

## Judería

El castillo del Rey (pretorio) y la judería forman uno de los rincones inexcusables. Esta proximidad se debía a que los judíos, propiedad real, disfrutaban de su protección a cambio de importantes desembolsos. De la aljama queda el laberinto de calles, algunas de las cuales muestran arcos apuntados góticos.

INFORMACIÓN
Casa Castellarnau
Tel. 977 24 22 20

## Casa Castellarnau

Noble residencia y edificio gótico del xv, en ella residió el emperador Carlos V durante su estancia en Tarragona. A finales del xviii fue adquirida por la familia Castellarnau, que redecoró a fondo la mansión. La visita permite seguir los distintos estilos constructivos y decorativos, desde el patio gótico hasta las pinturas de Flaugier en la planta noble. El museo recrea perfectamente el ambiente de una casa barroca que fue residencia de una de las familias principales de la burguesía tarraconense.

# Catedral

SANTA MARIA ES EL MEJOR EDIFICIO de la transición del románico al gótico conservado en Cataluña y una de las grandes catedrales peninsulares. Se levanta en lo alto de la ciudad, en la vieja acrópolis, sobre el templo dedicado a Júpiter. Iniciada en 1174 y consagrada en 1331, todavía se trabajaba en la catedral un siglo después. Tras la monumental portada, el interior, iluminado por vidrieras originales del siglo XIV, es un extraordinario cruce de estilos.

## Portada

El cuerpo central es de estilo gótico, con un gran rosetón del mismo porte. En el mainel aparece la Virgen; Cristo ocupa el tímpano y a sus pies se encuentran los 12 bienaventurados saliendo de sus sepulcros. Más abajo los demonios conducen a los condenados a las fauces de Leviatán.

## Retablo de Borrassà

En la capilla de la Virgen de Montserrat se encuentra este retablo gótico del siglo XV, una de las más importantes obras de Lluis Borrassà. Es una magnífica muestra del estilo del autor, en el que los tonos naranjas se combinan con los dorados dentro de un gran preciosismo formal. En la actualidad se encuentra en proceso de restauración.

## Capilla de los Sastres

Numerosas capillas de distintos estilos se abren dentro de la catedral. Una de las más espectaculares es la fundada por la importante Cofradía de los Sastres. Destaca la bóveda que cubre el recinto, de muy compleja crucería, y el espléndido retablo gótico del maestro Aloi.

## Retablo mayor

Gótico, de principios del XV, dedicado a santa Tecla y obra de Pere Joan, es la joya de Santa Maria. Ocupa por completo el altar mayor, por lo que al ábside sólo se puede acceder desde dos puertas abiertas en sus extremos. Merece especial atención la colorista predela, dedicada a la vida y milagro de la santa, quien evitó el suplicio por la intervención divina a pesar de las innumerables persecuciones que sufrió. En el ábside se encuentra la sala del Tesoro, con un artesonado mudéjar del siglo XIV.

INFORMACIÓN
Tel. 977 23 86 85

# Museu Diocesà

UNA PARTE DE LOS FONDOS (400 PIEZAS de las 6.000 con que cuenta) del más que notable Museo Diocesano de la catedral de Tarragona se encuentra distribuida por diferentes estancias del claustro, como la capilla del Corpus Christi, la sala Capitular o el dormitorio de los canónigos. Su calidad es extraordinaria y abarca un dilatado periodo histórico: arqueología romana, fondos hispano musulmanes, pinacoteca gótica, arte renacentista, etcétera.

## Capilla del Corpus Christi

Alberga una muy valiosa colección de arte gótico: tabla central del retablo de los dos Juanes, el Bautista y el Evangelista, obra de Bernat Martorell; retablo de san Pedro Apóstol, de Ramón de Mur; tabla de la Anunciación, de Jaume Huguet, y retablo de Sant Jaume el Major, de Joan Mates.

## Sacristía

A la derecha del ábside y levantada al mismo tiempo que éste, una puerta conduce a la sacristía. En el siglo XIV se colocó el magnífico artesonado mudéjar con pinturas de estilo gótico lineal. En reformas posteriores fue separado por un muro y ahora se encuentra en la llamada sala del Tesoro.

## Sala Capitular

Contiene obras renacentistas de los siglos XVI y XVII. Es de notar una espléndida colección de 54 tapices, entre los que destaca el llamado tapiz de las Potestades, o de la Buena Vida, obra de considerables dimensiones realizada en los talleres de Arrás. También sobresale el *Paño mortuorio,* de Pere Antón d'Arago.

## El claustro de la catedral

El claustro impresiona por sus proporciones. Fue iniciado en el siglo XII y combina la decoración escultórica románica de los capiteles —"capitel de la procesión de las ratas" en el ángulo noroeste— con el gótico de los ventanales y las bóvedas de crucería. Cada galería se abre al espacio central mediante seis grandes arcos apuntados que acogen otros tres de medio punto y dos óculos con celosías de tradición árabe. Extraordinaria la portada románica que comunica con la iglesia.

INFORMACIÓN
Dependencias del claustro de la catedral
Tel. 977 23 86 85

# Vivir Tarragona

## Mercadillos

Los sábados por la mañana los payeses toman la plaza del Foro para vender sus frutas y hortalizas. Los domingos por la mañana, en el de Bonavista, a las afueras de Tarragona, se vende todo tipo de objetos. Los anticuarios, por su parte, se reúnen en la plaza de la catedral.

## Plaça del Font

La Tarragona medieval ha visto crecer su animación durante los últimos años. Merece la pena hacer hincapié en la plaza del Font, en la que abundan las terrazas, los bares de tapas y las cafeterías. Imprescindible a la hora del aperitivo y el atardecer.

## De compras

Las dos ramblas de Tarragona, la Nova y la Vella, y las calles que discurren entre ambas, son el centro comercial por excelencia. En comercios tradicionales o nuevas propuestas, es posible hacerse con la celebrada charcutería o elaborados productos cerámicos.

## Vinos de Tarragona

Las zonas de El Camp, Falset y Ribera proporcionan un magnífico vino para acompañar los pescados tarraconenses. Fundamentalmente son vinos blancos —Macabeo, Parellada y Xarelo—, aunque no faltan tintos y rosados. Mención aparte merecen el mistela y los vinos rancios para l os postres.

## Copas entre amarres

Como en tantas ciudades costeras, el puerto deportivo de Tarragona se ha puesto de moda. Aquí, a la orilla del agua y entre las embarcaciones amarradas, bulle una variada oferta que gira sobre las copas y la animación musical.

## Santa Tecla

Durante 10 días en torno al 23 de septiembre la Plaça del Font disfruta de una animación extraordinaria. Son las fiestas patronales de Tarragona, bajo la advocación de santa Tecla. En la escalinata de la catedral, los *castellers* bajan los peldaños sin perder el equilibrio.

## Festival Dixie

Tarragona da muestras de una importante viveza cultural en sus museos y en los festivales de música. Con el Festival Dixie el *jazzbandismo* toma plaza en la ciudad, que se viste de Nueva Orleans. Lleva ya 12 años celebrándose con éxito, distribuido por numerosos locales.

## Delfinario de Vila Seca

En el Aquópolis de Costa Daurada los protagonistas son seis ejemplares de delfín mular (tres machos y tres hembras) llegados del Zoo Aquarium de Madrid, así como cuatro leones marinos (uno macho y tres hembras). Harán las delicias de los más pequeños.

## Los pescados

Ciudad esencialmente mediterránea, la cocina marinera y los arroces son las grandes especialidades de Tarragona. El Serrallo es el lugar adecuado para degustarlos. El *rossejat,* arroz o fideos cocidos con caldo de pescado, la zarzuela y el arroz negro son plato insignes.

## Noche de San Juan

Baile, petardos, hogueras, cava y mistela. Es la noche de San Juan, el toque festivo pagano entre el 23 y el 24 de junio. El Ball de Diables, el Drac, el Bou i la Víbria cubren esta corta pero intensa noche en las verbenas de la plaza del Mercado y de la Arrabassada.

Merluza al romesco

## El romesco

En Tarragona, esta espesa y sabrosa salsa es fundamental para acompañar los pescados y mariscos. Elaborada con almendras, pimiento, avellanas y aceite de oliva, lo cierto es que cada cocinero tiene su versión propia a partir de pequeñas diferencias en su composición final.

# Delta de l’Ebre

**El Parc Natural del Delta de l'Ebre**, con sus 320 km², es el hábitat acuático más importante del Mediterráneo occidental. En su interior coexisten lagunas, zonas de cultivos hortícolas, frutales y esos extensos arrozales que hacen cambiar la tonalidad del conjunto según la estación, terrosa en invierno, anegada en primavera, verde en verano. En el litoral se hallan lagunas rodeadas por carrizos y juncos, salinas y desiertas playas salpicadas de dunas.

## Paseos por el Delta

Tomar una barca desde Amposta o Deltebre es la más recomendable forma de conocer el Delta. De este modo se bordea la isla de Gracia y, ya en mar abierto, la de Buda. Otra opción igualmente interesante son los paseos en bicicleta por itinerarios señalizados entre lagunas, salinas y arrozales.

## Sant Carles de la Ràpita

El puerto de Sant Carles aloja la tercera matrícula pesquera más importante de Cataluña, y esto se nota en su bien nutrida oferta gastronómica. Este magnífico puerto natural, de los pocos que existen en la costa mediterránea, se protege del mar mediante la península inundable del Trabucador y la punta de la Banya. Fueron estas condiciones naturales las que invitaron al emprendedor Carlos III a levantar aquí una gran ciudad portuaria. El proyecto quedó paralizado a la muerte del monarca. El nombre del pueblo y algunos edificios neoclásicos recuerdan este plan ilustrado.

## L'Encanyisada y la Banya

En la punta de la Banya, junto a las salinas de la Trinitat y al final del istmo del Trabucador, hay un punto de observación. La casa de Fusta, en l'Encayissada, acoge el centro de información y un museo ornitológico. Desde la torre se aprecia una amplia perspectiva de la laguna.

## Ecomuseu de Deltebre

Ofrece diferentes zonas temáticas sobre los aspectos más destacados del Delta: la masía, centro de información, y el itinerario didáctico dedicado a los sistemas agrícolas, la red de riego, las lagunas, el río y las actividades humanas tradicionales. Para finalizar, un magnífico acuario.

### INFORMACIÓN

Patronato Municipal de Turismo de Deltebre
Tel. 977 48 93 09
Alquiler de barcas
Tel. 977 48 01 28
Casa de Fusta
Tel. 977 48 96 79
Ecomuseu de Deltebre
Tel. 977 48 96 79
www.ebre.com

# Tortosa esencial

## La Suda

El perfil de la Suda domina la ciudad de Tortosa. Funciona como Parador de Turismo y fue alcazaba árabe en tiempos de Abderramán III y castillo cristiano después. Es el mejor mirador de Tortosa y sus alrededores, y permite una comprensión íntegra de la catedral, a sus pies.

## Catedral

La fábrica de la catedral se empezó en gótico francés para terminar en el peculiar estilo catalán, como denota su sobrio y elegante interior. Es templo de tres altas naves, con airosos contrafuertes. El ábside es de doble girola y tres niveles de ventanas muy luminosas.

## Llotja del Mar

También conocida como el Porxo del Blat, es edificio gótico catalán del XIV, con dos naves separadas por tres arcos de medio punto. En ella se fijaba el precio del trigo para todo el Occidente mediterráneo. Es un ejemplo del papel relevante de la ciudad en el pasado.

**EN 1148, RAMÓN BERENGUER IV LLEGÓ A TORTOSA** y la conquistó. Ahora, es la ciudad quien conquista a sus visitantes. Más de cuatro siglos estuvo en manos de los musulmanes y de aquel tiempo proviene una fructífera convivencia que hizo de su judería la más importante de la Cataluña del siglo X. Un 24 de julio de 1938 terminó el asedio de Tortosa, el último episodio de la batalla del Ebro, río que es, en cierto modo, la calle Mayor de Tortosa.

## Jardins del Príncep

Se encuentran en lo alto de Tortosa, junto a la Suda. Cuentan con 23 grupos escultóricos de Santiago de Santiago, entre ellos una escultura al diablo que compite con la del Buen Retiro de Madrid en ser de los pocos monumentos levantados en exclusiva en honor del ángel caído.

## Palau Episcopal

Edificio gótico de los siglos XIII y XIV a orillas del Ebro, tiene un amplio patio con galería de columnas en el primer piso, al que se accede por una puerta ojival. En la capilla gótica, unas ménsulas talladas con personajes soportan los nervios de su cúpula octogonal estrellada.

## Palacios

Cerca de la catedral se levantan algunos palacios de especial interés. Es el caso del Palau Oliver de Botiller —biblioteca central de Tortosa—, con sus almenas, o el Palau Despuig, también biblioteca pública, con un bonito patio gótico con escalera y galería superior.

## Reales Colegios de Tortosa

Los colegios de San Lluís, Sant Jordi y Sant Domènech fueron fundados en 1564. Forman un extraordinario conjunto renacentista puesto en pie para favorecer la instrucción religiosa de los cristianos nuevos, los moriscos convertidos apresuradamente a la nueva religión.

# Catedral

**La soberbia catedral de Santa Maria** tuvo una gestación lenta. Se empezó a construir 200 años después de la conquista cristiana y no se terminó hasta los siglos XVI y XVII, aunque la fachada es barroca, ya del XVIII. Se levantó sobre otro templo anterior, románico, del que no queda nada. De un depurado y elegante gótico catalán, el contrapunto es la fachada barroca con pilastras de orden gigante y una importante decoración.

## Interior

Es templo de tres altas naves, con contrafuertes que parecen trepar por los tres niveles de cubiertas. No tiene crucero, pero sí girola y capillas entre los contrafuertes. La nave central se eleva en dos pisos con muros calados por amplios ventanales. Cuenta con espléndidos bajorrelieves de piedra en los púlpitos.

## Ábside

De gran luminosidad, es la zona de mayor valor de la catedral. Las capillas, al carecer de muros divisorios, forman una especie de segunda girola. Una serie de celosías gótico-flamígeras tamiza la luz en la planta baja. En el presbiterio aparece una gran clave con la coronación de la Virgen.

## Nostra Senyora de la Cinta

La capilla de Nuestra Señora de la Cinta, o capilla Real, es la más opulenta, un lujoso y pequeño templo añadido a la catedral. Construida entre 1642 y 1725, plenamente barroca, está decorada a base de jaspes, mármoles y pinturas. Dentro de ella se guarda un cíngulo que la tradición atribuye a la virgen titular.

INFORMACIÓN
Patronato Municipal de Turismo
Tel. 977 51 08 22/ 977 44 25 67
Catedral
Tel. 977 44 17 52
www.tortosa.altanet.org

## Los retablos

El retablo mayor, llamdo "de la Estrella", es un extraordinario políptico de madera policromada y dorada realizado en 1351. Se divide en cinco cuerpos: el central, los laterales y otros dos abatibles. Está presidido por la Virgen de las Estrellas y cuenta con 24 relieves con figuras estáticas sobre fondos lisos. El reverso que da a la girola se decora con pinturas de influencia italiana. Otro retablo gótico importante es el de la *Transfiguración*, de mediados del siglo XV y atribuido a Jaime Huguet.

# Reales Colegios

**LOS REALES COLEGIOS DE TORTOSA** –Sant Lluís, Sant Jordi y Sant Domènec– fueron fundados en 1564. Forman un extraordinario conjunto renacentista puesto en pie para favorecer la instrucción religiosa de los cristianos nuevos, los moriscos convertidos apresuradamente a la nueva religión. Especialmente interesante es el de Sant Lluís. Del colegio de Sant Jordi y Sant Domènec, estudio dominico, se conserva la fachada renacentista de dos cuerpos.

## Colegio de Sant Lluís

Fundado por Carlos V, fue el antiguo colegio de Sant Jaume i Sant Matier. La fachada, concebida como un arco triunfal, es un elaborado portal con columnas exentas y entablamentos corintios profusamente decorado con relieves y esculturas. Preside el escudo imperial con el águila bicéfala.

## Sant Jordi i Sant Domènec

De considerable menos interés que el colegio de Sant Lluís, sólo se conserva la fachada renacentista de dos cuerpos de este edificio levantado en el siglo XVI. El cuerpo bajo se organiza a modo de arco de triunfo con columnas jónicas y dóricas adosadas. En el friso se lee "domus sapientae", la casa de la sabiduría.

### PARADOR DE TORTOSA

Castell de la Zuda, s/n.
Tel. 977 44 44 50

El alcázar se enseñorea en la distancia encaramado en una colina que acaricia el Ebro. De residencia favorita de Jaime I, llegó a ser Parador tras rescatarlo de las ruinas y el abandono. Sus cualidades más destacadas son la sobriedad y la elegancia.

*(Ver pág. 141).*

## Renacentista

El patio del colegio de Sant Lluís es una espléndida muestra de la arquitectura que sigue el modelo renacentista italiano. Rectangular, con fuente en el centro, cuenta con tres plantas: la inferior con arcos de medio punto, balaustrada en el primer piso y una galería de arcos en el tercero. Merece la pena demorarse en la decoración a base de figuras de personajes que parecen observar al visitante: reyes, profetas, apóstoles, moriscos, judíos...

### INFORMACIÓN

Reales Colegios
Tel. 977 44 15 25

# Alojamientos y restaurantes

**A** MÁS DE 30 € **B** 21-30 € **C** 12-21 € **D** MENOS DE 12 €

# Alojamientos y restaurantes

## Barcelona

### Barcelona

**AC DIPLOMATIC******
Pau Claris, 122.
Tel. 932 72 38 10
www.ac-hoteles.com
Alojamiento moderno y céntrico. Sus interiores lucen una elegante combinación entre funcionalidad y estética, mientras que los dormitorios lucen un estilo minimalista. Habitación doble: 182-242 €.

**AMREY DIAGONAL*****
Avda. Diagonal, 161-163.
Tel. 902 32 03 25
www.amrey-hotels.com
Inaugurado en 2002, en el cruce de la avenida Diagonal con la Rambla de Poble Nou. Estancias modernas y funcionales. Habitación doble: 117-165 €.

**ARTS*******
Marina, 19-21.
Tel. 932 21 10 00
www.ritzcarlton.com
Frente al Port Olímpic se encuentra esta gigantesca edificación de 154 metros de altura. Interiores vanguardistas. Habitación doble: 325-475 €.

**BANYS ORIENTALS****
Argenteria, 37.
Tel. 932 68 84 60
www.hotelbanysorientals.com
Situado en pleno centro histórico, ofrece una buena relación calidad-precio. Interiores modernos, de intención minimalista y con ciertos detalles de diseño contemporáneo. Habitación doble: 89-95 €.

**BARCELONA HILTON*******
Avda. Diagonal, 589-591.
Tel. 934 95 77 77
www.hilton.com
Tanto el gran vestíbulo como el resto de los interiores han sido decorados con estilo americano. Las estancias, equipadas a la última y bien insonorizadas, lucen una decoración moderna y colorista. Todas disfrutan de unos grandes ventanales. Habitación doble: 350 €.

**BARCELONA UNIVERSAL******
Avda. del Paral·lel, 78-80.
Tel. 935 67 74 47
www.nnhotels.es
Edificio de aspecto moderno y con apariencia de bloque de viviendas. Interiores revestidos con maderas nobles. Las habitaciones están muy bien pertrechadas. Habitación doble: 140-200 €.

**CASA FUSTER*******
Passeig de Gràcia, 132.
Tel. 618 19 29 96
www.hotelescenter.es
Hotel de lujo que ocupa uno de los edificios modernistas más emblemáticos de Barcelona: la Casa Fuster. Inaugurado recientemente, ofrece unos interiores muy elegantes, así como unas completas instalaciones para reuniones de empresa. Habitación doble: 360 €.

**CLARIS*******
Pau Claris, 150.
Tel. 934 87 62 62
www.derbyhotels.es
Palacio de fachada neoclásica engalanada con el escudo heráldico de los condes de Vedruna. En el vestíbulo, unos mosaicos romanos del siglo IV saludan al visitante. El establecimiento aúna una decoración de estilo dieciochesco con tintes vanguardistas. Habitación doble: 270-372 €.

**COLORS****
Campoamor, 79.
Tel. 932 74 99 20
www.hotelcolors.com
Un edificio que sorprende por la decoración de sus interiores, desenfadado y colorista. Estancias amplias y luminosas. Excelente relación calidad-precio. Habitación doble: 82-106 €.

**CONDES DE BARCELONA******
Passeig de Gràcia, 73-75.
Tel. 934 67 47 80
www.condesdebarcelona.com
En el corazón de la Barcelona modernista se encuentran los dos palacetes del siglo XIX que albergan el establecimiento. Un cuidado diseño vanguardista impera en todos los interiores, aderezado en ocasiones con la ornamentación sinuosa modernista. Las estancias son amplias y luminosas. Habitación doble: 238,50 €.

**CONTINENTAL PALACETE*****
Rambla de Catalunya, 30.
Tel. 934 45 76 57
www.hotelcontienental.com
Ocupa un palacete del siglo XIX. Interiores de corte clásico, con una decoración muy recargada. Estancias equipadas con corrección. Habitación doble: 130 €.

**DUQUESA DE CARDONA******
Passeig de Colom, 12.
Tel. 932 68 90 90
www.hduquesadecardona.com
Moderno y funcional, situado en el paseo Marítimo de la ciudad, con vistas al mar. Las estancias incluyen en su equipamiento los últimos avances tecnológicos. Decoración vanguardista y trato familiar. Habitación doble: 135-220 €.

**EUROSTARS GRAND MARINA*******
Moll de Barcelona, s/n.
Tel. 936 03 90 00
www.grandmarinahotel.com
Emplazado en el Port Vell de Barcelona, al lado de las Ramblas. Ocupa el ala oeste del World Trade Center de la ciudad. Cocina mediterránea de calidad y arte contemporáneo. Habitación doble: 220-375 €.

### GRAN HOTEL LA FLORIDA*****

Ctra. Vallvidrera-Tibidabo, 83-93. Tel. 932 59 30 00
www.hotellaflorida.com
Fue inaugurado en 1925 usado como hospital durante la Guerra Civil y restaurado en 1939 para uso hotelero. Aún conserva el ambiente señorial que sus salones tenían en los años cincuenta. Habitación doble: 341-385 €.

### HISPANOS SIETE SUIZA****

Sicilia, 255. Tel. 932 08 20 51
www.hispanos7suiza.com
Lo más impresionante es la colección de automóviles antiguos que le da nombre. Ofrece unos apartamentos muy amplios, bien equipados, de moderna ambientación. Restaurante especializado en cocina catalana de autor bajo los auspicios de Carlos Roig. Apartamento: 170/250 €.

### HOSTAL GAT RAVAL**

Joaquín Costa, 44.
Tel. 934 81 66 70
www.gataccommodation.com
Se encuentra en el corazón de Barcelona, con unas estancias modernas y bien pertrechadas. Servicio profesional y buena relación calidad-precio. Habitación doble: 48-71 €.

### HOSTAL GAT XINO**

Hospital, 149-155.
Tel. 932 21 04 56
www.gataccomodation.com
Tiene menos de un año. Interiores decorados en verde lima. Sala de desayunos con patio. Habitación doble: 80-90 €.

### MAJESTIC****

Passeig de Gràcia, 68.
Tel. 934 88 17 17
www.hotelmajestic.es
Conocido en sus inicios, allá por 1918, como Majestic Hotel Inglaterra, en muy poco tiempo pasó a ser el centro de la vida social, cultural y política de la ciudad. Entre sus instalaciones ofrece un centro *fitness* con gimnasio, sauna, baño de vapor y sala de masajes. Habitación doble: 185-330 €.

### NERI H&R****

Sant Sever, 5.
Tel. 933 04 06 55
www.hotelneri.com
Un palacete del siglo XVIII transformado por la cadena Habitat en un hotel abierto a las nuevas tendencias en arte y diseño. Situado en pleno Barrio Gótico barcelonés, junto a la plaza de Sant Felip Neri, sus interiores disfrutan de un equipamiento de lujo y una decoración. Habitación doble: 140-240 €.

### PRESTIGE PASEO DE GRÀCIA****

Passeig de Gràcia, 62.
Tel. 932 72 41 80
www.prestigepaseodegracia.com
Ocupa un edificio de 1930 en pleno centro. Sus interiores lucen una original decoración entre minimalista y oriental. Todas las estancias exhiben una fotografía gigante de Barcelona. Habitación doble: 185 €.

### RAFAELHOTELES**** DIAGONAL PORT

Lope de Vega, 4.
Tel. 932 30 20 00
www.rafaelhoteles.com
Vanguardista y bien cuidado. Ubicado en la zona del Poble Nou, ocupa un edificio blanco de aspecto moderno cuyos interiores exhiben obras de pintores catalanes modernos. Las estancias, amplias y luminosas, han sido equipadas con los últimos avances tecnológicos. Habitación doble: 90-180 €.

### RELAIS D'ORSÀ****

Mont d'Orsà, 35 (Vallvidrera).
Tel. 934 06 94 11
www.relaisdorsa.com
En el barrio de Vallvidrera se encuentra este palacete neoclásico construido a principios del siglo XX. Su privilegiado emplazamiento en la ladera del Tibidabo lo dota de unas vistas envidiables. El clasicismo de su fachada contrasta con su decoración interior, suma de muebles de distintas procedencias y detalles modernos. Habitación doble: 225 €.

### REY JUAN CARLOS I*****

Avda. Diagonal, 661-671.
Tel. 933 64 40 40
www.hrjuancarlos.com
Consta de una parte frontal, que mira al norte y deja a la vista el perfil de Collserola, el Tibidabo y otras zonas de la ciudad, y de dos alas articuladas por su extremo, donde se ubican las habitaciones, salones y restaurantes. Habitación doble: 375 €.

### RITZ*****

Gran Via de les Corts Catalanes, 668. 133
Tel. 935 10 11 30
www.ritzbcn.com
Una obra maestra de la Belle Époque. Tras una profunda renovación, su fachada presenta el mismo aspecto que en 1919, año de su inauguración. Ofrece unas habitaciones equipadas al detalle y unas *suites* con baños romanos de mármol y mosaicos sevillanos. Encantadora terraza-jardín Habitación doble: 388 €.

### 7 PORTES

Passeig Isabel II, 14.
Tel. 933 19 30 33
Histórico restaurante que continúa ofreciendo buenos arroces y platos basados en el recetario catalán. Extensa bodega. Postres típicos. Precio: **B**

### ÀBAC

Rec, 79-89.
Tel. 933 19 66 00
Xavier Pellicer, gran

profesional, trabaja una cocina sorprendente y vanguardista. El local, en consonancia con su estilo original. Lista de vinos excelente y servicio al nivel de la cocina. Precio: **A**

### ALKIMIA
Indústria, 79.
Tel. 932 07 61 15
Las propuestas de Jordi Vila, joven cocinero de talento, siguen brillando por méritos propios. Cocina catalana trabajada con un estilo personal. Destacan la ligereza de sus recetas, la calidad de las materias primas y su depurada técnica. Precio: **A**

### AROLA HOTEL ARTS
Marina, 19-21.
Tel. 934 83 80 90
Ubicado en el hotel Arts, es la última aventura del prestigioso cocinero Sergi Arola. Sirve platos para picar, desenfadados pero elegantes. Cocina de perfil mediterráneo y toques creativos servida en un ambiente vanguardista. Bodega sobresaliente. Precio: **A**

### BELTXENEA
Mallorca, 275 (entresuelo).
Tel. 932 15 30 24
Ofrece notables platos del recetario vasco tradicional. Raciones abundantes. Amplia bodega. Precio: **A**

### CA L´ISIDRE
Les Flors, 12.
Tel. 934 41 11 39
Isidro Gironés abandera una de las mejores propuestas gastronómicas de la ciudad. Materias primas sobresalientes con las que Nuria Gironés prepara recetas de corte mediterráneo y de mercado junto a otras más innovadoras. Bodega de altura. Precio: **A**

### CAL PEP
Plaça de les Olles, 8.
Tel. 933 10 79 61
Lo mejor, los pescados del litoral y la tortilla trampera. Atención a las recomendaciones del día. En su barra o en el comedor anejo, sus exquisitas tapas y raciones. Precio: **B**

### CAL PINXO
Baluard, 124 (Ed. Costa Playa Barceloneta).
Tel. 932 21 50 28
En su carta, platos marineros y recetas mediterráneas de buena factura. Notable surtido de arroces. Precio: **A**

### CAN CULLERETES
Quintana, 5.
Tel. 933 17 64 85
Cocina mediterránea. Especial atención en su carta a los platos de caza. Precio: **C**

### CAN MAJÓ
Almirall Aixada, 23.
Tel. 932 21 58 18
Los arroces de pescado, en variadas versiones, y los mariscos, de excelente calidad, le permiten elaborar una buena cocina marinera. Aconsejables los pescados al horno. Precio: **A**

### CAN SOLÉ
Sant Carles, 4.
Tel. 932 21 50 12
Situado en la Barceloneta. Su cocina se basa en los productos del mar. Excelentes guisos marineros y arroces. Precio: **A**

### CASA CALVET
Casp, 48.
Tel. 934 12 40 12
Atractivo local de decoración modernista. Cocina catalana actualizada con buen criterio. Precio: **A**

### CASA LEOPOLDO
San Rafael, 24.
Tel. 934 41 30 14
Casa de comidas tradicional donde los menús más sencillos brillan con luz propia. Materias primas bien escogidas. Bodega cuidada. Se encuentra en pleno barrio de El Raval. Precio: **A**

### CASA PEPE
Plaça Bonanova, 4.
Tel. 934 18 00 87
Recetas sencillas, catalanas, mediterráneas y españolas de toda la vida. Extensa bodega. Precio: **B**

### CELLER CAN MATEO
Passeig de Sant Joan, 149
Local de reducidas dimensiones. Materias primas tratadas con acierto. Precio: **A**

### CHICOA
Aribau, 73.
Tel. 934 53 11 23
Emblemático local reconocido por sus recetas de bacalao. Además, buenos guisos de cuchara. Cocina catalana clásica. Postres típicos. Precio: **A**

### COLIBRÍ
Riera Alta, 33.
Tel. 934 43 23 06
Particular casa de comidas de decoración desenfadada. Acertadas propuestas de la cocina popular catalana que deben su perfección al empleo de excelentes materias primas. Precio: **A**

### DAPS
Avda. Diagonal, 469.
Tel. 934 10 90 89
Agradable local que responde a los esquemas de los restaurantes ultramodernos. Con productos de temporada realiza una cocina mediterránea desenfadada y original. Bodega cuidada. Terraza. Precio: **B**

### DROLMA HOTEL MAYESTIC
Passeig de Gràcia, 68.
Tel. 934 96 77 10

Se trata de un local lleno de clasicismo y modernidad. Fermí Puig elabora platos de envergadura con magníficas materias primas. Bodega de campanillas. Servicio de alta escuela. Restaurante de hotel. Precio: **A**

### EL ALTILLO DEL EXPLORADOR

Avda. Diagonal, 609-615.
Tel. 934 10 13 17
Singular local con terraza y música en vivo por las noches. En la carta, recetas mediterráneas sencillas. Buenas ensaladas. De postre, tiramisú. Precio: **A**

### EL RACÓ D´EN FREIXA

Sant Elías, 22-26.
Tel. 932 09 75 59
Ramón Freixa ofrece una cocina excelente materializada en platos de técnica envidiable. Recetas de filigrana inspiradas en el recetario mediterráneo. Excelente bodega. Postres cuidados. Precio: **A**

### EL SUQUET DE L´ALMIRALL

Passeig Joan de Borbó, 65.
Tel. 932 21 62 33
Sirve platos marineros modernizados. Sabroso *suquet* y surtido variado de arroces. Destaca el arroz caldoso. Bodega aceptable. Precio: **A**

### EL TRAGALUZ

Passatge Concepció, 5.
Tel. 934 87 06 21
Ofrece un buen repertorio de recetas de inspiración mediterránea. Cuenta con varios espacios interiores. Céntrico y atractivo local, lleno de encanto. Precio: **A**

### ELS PESCADORS

Plaça de Prim, 1.
Tel. 932 25 20 18
Sirve buenos platos mediterráneos de honda raigambre local. Bodega cuidada y postres de altura. Precio: **A**

### ESTRELLA DE PLATA

Pla de Palau, 13.
Tel. 932 68 06 35
Continúa cosechando éxitos con sus tapas, unas de corte tradicional y otras de creación propia. Bodega de alto nivel. Precio: **B**

### HISOP

Passatge Marimón, 9.
Tel. 932 41 32 33
El local de Guillem Plá y Oriol Ivern continúa siendo uno de los más sugerentes de la zona. Recetas sorprendentes, típicas de autor. Estética minimalista. Precio: **A**

### HOFMANN

Argentería, 74.
Tel.933 19 58 89
Mey Hofmann conduce con maestría esta escuela de cocina. En el restaurante anejo ofrece suculentas recetas modernas plagadas de referencias mediterráneas. Bodega de altura. Repostería sobresaliente y café excepcional. Precio: **A**

### JAUME DE PROVENÇA

Provença, 88.
Tel. 934 30 00 29
Cocina catalana típica ofrecida en platos sencillos de carácter contemporáneo. Buenos pescados. Postres cuidados. Precio: **A**

### JEAN LUC FIGUERAS

Santa Teresa, 10.
Tel. 933 43 54 10
Jean Luc Figueras propone recetas de autor que hunden sus raíces en los sabores de la cocina tradicional. Queda en evidencia su respeto por los productos mediterráneos. Postres delicados. Servicio muy cuidado. Precio: **A**

### L´OLIANA

Santaló, 54.
Tel. 932 01 06 47
Las recetas típicas de la cocina barcelonesa y otras de corte más moderno completan una carta elaborada con materias primas de calidad. Precio: **A**

### L´OLIVÉ

Balmes, 47 (esquina Consell de Cent).
Tel. 934 52 19 90
Sirve recetas de la cocina catalana tradicional realizadas con personalidad. Recomendables los arroces. Postres típicos. Confortable y espacioso local. Precio: **B**

### LA CLARA

Gran Via de les Corts Catalanes, 442.
Tel. 932 89 34 60
Ana Calpe y Julià Crivé llevan las riendas de este histórico local. Su fuerte son las recetas populares típicas de las antiguas fondas. Aconsejables los platos de bacalao y las anchoas en salazón. Precio: **B**

### LA NAU

Manresa, 4-6.
Tel. 932 68 77 47
Utiliza materias primas de temporada para elaborar una cocina tradicional. Recetas autóctonas en las que prima el producto. Precio: **A**

### LAURAK

La Granada del Penedès, 14-16. Tel. 932 18 71 65
Una buena opción para degustar platos norteños de ejecución impecable. Además, recetas mediterráneas equilibradas que se adornan con toques de creatividad. Precio: **A**

### LOS CARACOLES

Escudellers, 14.
Tel. 933 02 31 85
Las especialidades marineras como la paella de bogavante y las carnes son la esencia de su carta. Imprescindible

probar la crema catalana casera. Precio: **B**

### MOO

Rosselló, 265.
Tel. 934 45 40 00
Local de impresionante estética ubicado en la planta baja del hotel Omm. Cocina asesorada por el prestigioso cocinero Joan Roca. Platos que se sirven en medias raciones. Postres cuidados. Gran bodega. Precio: **A**

### NEICHEL

Beltrán i Rózpide, 1-5.
Tel. 932 03 84 08
Jean Luis Neichel continúa fusionando con éxito la riqueza del mundo mediterráneo con los postulados de la cocina francesa. Cocina de alto nivel que se elabora con materias primas de temporada. Las trufas, el *foie-gras* y las carnes son inmejorables. Excelente bodega. Precio: **A**

### OROTAVA

Consell de Cent, 335.
Tel. 934 87 73 74
Entre los platos más emblemáticos de su carta figuran las patatas con caviar, el *cobonoff* (pescados macerados y cubiertos de caviar) y la caza en temporada. Cocina refinada de corte clásico con toques de modernidad. Precio: **A**

### OT

Torres, 25.
Tel. 932 84 77 52
Pequeño local situado en un modesto callejón del barrio de Grácia. Sirve un menú único compuesto por recetas mediterráneas bien elaboradas. Precio: **A**

### PASSADÍS DEL PEP

Pla de Palau, 2.
Tel. 933 10 10 21
Sirve notables pescados y mariscos con acertado punto de cocción. Raciones abundantes, y un extenso menú de ocho platos. Bodega de categoría. Precio: **A**

### PEIXEROT

Tarragona, 177
(Torre Cataluña).
Tel. 934 24 69 69
Carta tradicional y "cantada" con platos marineros preparados con productos que llegan al puerto de Vilanova i la Geltrú. Sabrosos arroces. Precio: **A**

### PÒSIT

Ramon Trias Fargas, 2.
Tel. 932 24 00 88
Local situado en la playa de la Barceloneta. Especializado en la cocina marinera. Notables arroces, pescados y mariscos. Amplio y con terraza junto al mar. Precio: **A**

### ROIG ROBÍ

Séneca, 20.
Tel. 932 18 92 22
Cocina catalana que demuestra un justo equilibrio entre lo tradicional y lo moderno. Delicioso arroz con espardeñas. Local acogedor. Terraza. Precio: **A**

### SANT REMY

Iradier, 12.
Tel. 934 18 75 04
Prepara platos mediterráneos con criterios de innovación. Buenas ensaladas y postres cuidados. Precio: **B**

### SANTA MARÍA

Comerç, 17. Tel. 933 15 12 27
Sirve refinadas preparaciones de cocina y tapas muy originales. Especialidades mediterráneas. Ideal para el tapeo. Postres cuidados. Precio: **B**

### SAÜC

Passatge Lluís Pellicer, 12.
Tel. 933 21 01 89
Acogedora casa de comidas de estilo contemporáneo en la que Xavier Franco trabaja una cocina catalana y mediterránea sin estridencias. Precio: **A**

### SEMPRONIANA

Rosselló, 148.
Tel. 934 53 18 20
Original restaurante de ambiente surrealista. Cocina mediterránea. Entre sus especialidades destaca el bacalao con miel y romero. Aconsejables los postres de chocolate. Precio: **A**

### SENYOR PARELLADA

Argenteria, 37. Tel. 933 10 50 94
Ramón Parellada trabaja con sencillez recetas de temporada. Cocina catalana clásica con buenos productos. Magnífica bodega. Precio: **C**

### TALAIA MAR

Marina, 16.
Tel. 932 21 90 90
Ubicado sobre el puerto Olímpico. Sirve recetas de corte mediterráneo repletas de modernidad. Preciosas vistas sobre el mar. Precio: **A**

### TAVERNA BASCA IRATI

Cardenal Casanyas, 15-17.
Tel. 933 02 30 84
Continúa triunfando con especialidades de la cocina vasca. Suculentos pinchos en la barra. Precio: **A**

### TRAM TRAM

Major de Sarrià, 121.
Tel. 932 04 85 18
Cocina mediterránea de temporada donde se percibe una constante evolución. Repostería cuidada. Precio: **A**

### VÍA VENETO

Ganduxer, 10-12.
Tel. 932 00 72 44
No defrauda este local que continúa ofreciendo platos de temporada y línea clásica. La repostería, en consonancia con el nivel de la cocina. Lista de vinos espléndida. Precio: **A**

## Sant Pol de Mar

SANT PAU
Nou, 8-10. Tel. 937 60 06 62
Carme Ruscalleda, prepara platos que se distinguen por su elegancia y enorme técnica. El servicio y la bodega, en consonancia con el resto. Restaurante de privilegio con una cocina de altísimos vuelos. Precio: **A**

## Sitges

ESTELA BARCELONA****
Avda. Port d'Aiguadolç, 8.
Tel. 938 11 45 45
www.hotelestela.com
Construcción mediterránea de sorprendente fachada emplazada en la zona de Aiguadolç, en un extremo de la playa de Sitges. Dos piscinas y jardín con esculturas. Habitación doble: 145-175 €.

PORT SITGES RESORT****
Passeig de Aiguadolç, 1-20.
Tel. 938 11 31 77
www.portsitges.com
Situado en el puerto deportivo de Aiguadolç, ofrece alojamiento en espaciosos apartamentos. Equipados con corrección, todos con terrazas asomadas al puerto. Habitación doble: 105-150 €.

EL GRECO
Passeig de la Ribera, 70.
Tel. 938 94 29 06
Ubicado en el paseo Marítimo. Ofrece una cocina catalana elaborada con fidelidad al recetario clásico. Bodega bien escogida. Carta de puros. Precio: **A**

LA MASÍA
Passeig de Vilanova, 164.
Tel. 938 94 10 76
Típica masía donde se sirve una cocina catalana de mercado. Platos que siguen el recetario tradicional. Repostería casera. Precio: **B**

MARE NOSTRUM
Passeig de la Ribera, 60.
Tel. 938 94 33 93
Las materias primas del litoral sustentan una carta compuesta por platos modernos inspirados en la cocina marinera. Bodega correcta. Amplia terraza frente al mar. Precio: **B**

MARICEL
Passeig de la Ribera, 6.
Tel. 938 94 20 54
En el bullicioso paseo Marítimo. Sirve platos de perfil creativo típicos de la cocina marinera. Bodega con inquietudes. Precio: **A**

## Vilanova i la Geltrú

CÉSAR***
Isaac Peral, 4-8.
Tel. 938 15 11 25
www.hotelcesar.net
Alojamiento de playa en funcionamiento desde 1890. Cocina marinera. Habitación doble: 77,50-115 €.

LA CUCANYA
Racó de Santa Llúcia.
Tel. 938 15 19 34
Ofrece una sugerente y equilibrada carta en la que el recetario catalán y el mediterráneo se dan la mano. Desde su emplazamiento se puede contemplar el mar. Precio: **B**

# Girona

## Avinyonet de Puigventós

MAS FALGARONA
Tel. 972 54 66 28
www.masfalgarona.com
Una antigua masía de piedra restaurada de interiores modernos y sencillos, decorados a partir de muebles de diseño minimalista. El sabor de la tierra y los productos naturales constituyen el éxito de su cocina. Habitación doble: 168-198 €.

MAS PAU
Ctra. Figueres-Olot, km 3,5.
Tel. 972 54 61 54
www.maspau.com
Masía del siglo XVII convertida por Toni Gerez y Xavier Sagristà, dueños del restaurante El Bulli, en Roses, en un negocio rentable. Las estancias exhiben una decoración tan exquisita como las especialidades que se sirven en sus comedores. Habitación doble: 90-96 €.

## Begur

PARADOR DE AIGUABLAVA****
Playa de Aiguablava, s/n.
Tel. 972 62 21 62
www.parador.es
Asomado al mar desde un enorme acantilado, la blancura del edificio contrasta con el azul y el verde de los jardines. Las habitaciones resultan amplias, luminosas y generosas en equipamiento, todas con buenas vistas al mar. Habitación doble: 81-126 €.

AIGUACLARA
Santa Teresa, 3.
Tel. 972 62 29 05
Palacete colonial de 1866, de interés histórico, situado en el centro de Begur. Cocina mediterránea y creativa basada en las materias primas de la zona. Precio: **A**

## La Bisbal d'Empordà

CASTELL D'EMPORDÀ****
Castell d'Empordà, s/n.
Tel. 972 64 62 54
www.castelldemporda.com
Declarado Monumento Nacional, este antiguo castillo

del siglo XII ha sido restaurado por su propietario, Albert Diks, holandés. Decoración ecléctica en interiores. Estancias amplias y equipadas al detalle. Habitación doble: 135-180 €.

## Cadaqués

LLANÉ PETIT****
Dr. Bartomeus, 37.
Tel. 972 25 10 20
www.llanepetit.com
Ideal para una estancia familiar, de interiores clásicos y con vistas a la bahía de Cadaqués y a la montaña. Habitación doble: 75-120 €.

ES BALUARD
Riba Nemesio Llorens, 2.
Tel. 972 25 81 83
Los pescados de la costa son la base de sus sabrosos arroces y *suquets*. De postre, un delicioso biscuit con chocolate. Precio: **A**

## Calonge

REFUGI DE PESCADORS
Passeig de Josep Mundet, 55.
Tel. 972 65 06 64
Pescados y mariscos de la costa. Se aconsejan la lubina al hinojo y las cazuelas marineras. Precio: **B**

## Cantallops

CAN XIQUET
Afores, s/n.
Tel. 972 55 44 55
www.canxiquet.com
Sobre un promontorio asomado al Mediterráneo se asienta este hotelito de aire minimalista. En la original decoración de sus interiores predominan los colores neutros y el cristal. Una terraza bien dispuesta se extiende en el jardín, junto a la piscina y a un gimnasio equipado con hidromasaje. Cocina vanguardista. Habitación doble: 130-145 €.

## Castelló d'Empúries

HOTEL DE LA MONEDA****
Plaça de la Moneda, 8-10.
Tel. 972 15 86 02
www.hoteldelamoneda.com
Antigua mansión del siglo XVII en pleno barrio judío de Castelló d'Empúries. Su decoración combina elementos vanguardistas con adornos barrocos. Habitación doble: 85-100 €.

ALLIOLI
Ctra. Figueres-Roses, km 35.
Tel. 972 25 03 20
Ofrece platos tradicionales del recetario ampurdanés. Buenos pescados, gambas rojas y carnes de la zona. Sabrosos guisos caseros. Restaurante de hotel situado a pie de carretera. Ocupa una masía del siglo XVII. Precio: **A**

## Cruïlles, Monells y Sant Sadurní de l'Heura

ARCS DE MONELLS****
Vilanova, 1. Tel. 972 63 03 04
www.hotelarcsmonells.com
Ocupa una antigua masía y un anexo comunicado con la casa principal por una rótula acristalada. El conjunto se inspira en los Relais & Châteaux franceses, con un toque vanguardista en su decoración. Alberga el Celler de Can Roca, uno de los mejores restaurantes de Girona. Habitación doble: 124-216 €.

MAS SANT CRISPI
Pla de Banyeres, 3.
Tel. 972 64 50 43
Dos estancias independientes y de dispar ambientación montadas en las antiguas cuadras de la masía. Piscina para compartir entre los dos alojamientos. Casa 1 dormitorio/noche: 45-60 €.

L´HORT DEL RECTOR
Església, 2. Tel. 972 63 03 96
Cocina de raigambre, elaborada con detalles de originalidad. Especializado en platos de bacalao. Postres de la casa. Precio: **B**

## L'Escala

EL ROSER 2
Passeig Lluís Albert, 1.
Tel. 972 77 11 02
Sus propuestas marineras son muy valoradas en la zona. Además, buen surtido de arroces. Bodega notable. Carta de puros y un servicio ejemplar. Precio: **A**

ELS PESCADORS
Port D´en Peris, 5.
Tel. 972 77 07 28
Emplazado en una bonita cala. Su cocina marinera de mercado se basa en el recetario regional. Precio: **A**

## Figueres

EL PATI
Hospital, 13 (Peratallada).
Tel. 972 63 40 69
www.hotelelpati.net
Este hotel-restaurante comparte la pared lateral de su jardín con un muro del castillo de Peratallada. Sus estancias resultan muy acogedoras. Romántico jardín presidido por una torre-vigía del siglo XVII. Habitación doble: 140 €.

EMPORDÀ
Antigua Ctra. de Francia, s/n.
Tel. 972 50 05 62
Continúa siendo el buque insigna del recetario ampurdanés. Notables recetas de caza. Precio: **A**

CAN BONAY
Plaça de les Voltes, 13 (Peratallada). Tel. 972 63 40 34
Los platos de caza y las recetas típicas del Ampurdán

con su fuerte. Sabrosa oca con nabos. Cuenta con un museo del vino y una bodega antigua. Ocupa una antigua casona del siglo XVII. Precio: **A**

## Fortià

CA LA MARIA DEL MARQUÉS
Marinada, 5 (Fortià). Tel. 629 74 20 28 / 972 53 43 00
De estilo neorrural muy agradable, se respetan las tres naves de bóveda de medio punto, las bodegas y cuadras típicas de estas casas catalanas. Casa: 350 €/fin de semana.

## Llagostera

ELS TINARS
Ctra. Sant Feliu-Girona, km 7,2. Tel. 972 83 06 26
Marc Gascons, joven cocinero, presenta una extensa carta llena de propuestas de mercado. Cocina ampurdanesa tradicional y moderna con chispazos creativos. Precio: **A**

## Llançà

LA BRASA
Plaça de Catalunya, 6. Tel. 972 38 02 02
Sus arroces a la marinera y sus *suquets* gozan de justa fama. Carnes rojas y pescados en preparaciones sencillas. Precio: **B**

MIRAMAR
Passeig Marítim, 7. Tel. 972 38 01 32
Paco Pérez elabora platos mediterráneos modernos. Utiliza para ello los pescados del puerto de Llançá y una depurada técnica. Ubicado en una antigua fonda. Precio: **A**

## Palafrugell

EL FAR DE SANT SEBASTIÀ****
Playa de Llafranc, s/n (Llafranc). Tel. 972 30 16 39
www.elfar.net
El edificio principal ha sido completamente restaurado. Estilo ornamental y vistas al mar. Habitación doble: 235-265 €.

LA XICRA
Estret, 17. Tel. 972 30 56 30
En sus propuestas juega con la tradición y la modernidad sin abandonar las raíces del recetario mediterráneo ampurdanés. Ofrece un amplio surtido de licores y destilados. Precio: **A**

LLAFRANC
Passeig Cipcele, 16. Tel. 972 30 02 08
Restaurante de un hotel situado en pleno paseo Marítimo. Ofrece recetas mediterráneas sabiamente actualizadas. Notables ensaladas. Precio: **A**

## Palamós

LA GAMBA
Plaça Sant Pere, 1. Tel. 972 31 46 33
Es un santuario de la cocina marinera y tradicional por los pescados y mariscos de la zona que adquiere en la lonja de Palamós. Buenos arroces y ensaladas. Precio: **A**

MARÍA DE CADAQUÉS
Tauler i Serviá, 6. Tel. 972 31 40 09
Los típicos guisos de pescadores son lo mejor de la casa. Trabaja productos de calidad. Precio: **B**

## Pals

LA COSTA****
Avda. Arenales de Mar, 3. Tel. 972 66 77 40
www.lacostahotel.com
A escasos metros de la playa, este hotel tiene un campo de golf de 18 hoyos. Acoge amplias y bien equipadas habitaciones. Habitación doble: 136-248 €.

MAS SALVI****
Carmany, 13. Tel. 972 63 64 78
www.massalvi.com
Masía del siglo XVII convertida en un hotel de lujo. La masía alberga seis *suites,* mientras que el resto de las estancias se encuentran en otro edificio cercano al bosque que rodea al complejo. Completas instalaciones deportivas y de salud. *Suite:* 215-270 €.

SA PUNTA
Urb. Sa Punta. Tel. 972 66 73 76
Platos basados en el recetario del Bajo Ampurdán. Se aconseja el *suquet.* Buenas materias primas. Postres de altura. Considerado un clásico en la zona. Precio: **B**

## Parlavà

MAS CRISARÁN*****
Processó, 2 (Fonolleres). Tel. 972 76 90 00
www.mascrisaran.com
Una masía del siglo XV transformada en un lujoso hotelito con personalidad propia. Interiores de atmósfera tranquila y cálida. Habitación doble: 220-250 €.

## Peralada

CAN CARBÓ DEL PORTAL
Plaça del Puente, 7. Tel. 637 74 66 57
Destaca por sus paredes en amarillo albero; la piedra vista en los muros interiores y los aperos de labranza colgados a modo decorativo. Una casa señorial del siglo XVIII incrustada en las murallas de Peralada. Casa: 150-200 €/día.

GOLF PERALADA*****
Rocabertí, s/n, Club de Golf Peralada. Tel. 972 53 88 30

www.golfperalada.com
En medio de un extenso campo de golf, este hotel de lujo ofrece unas estancias elegantes y equipadas al detalle. La tradición vinícola de la localidad ha sido recogida en su Wine Spa, con tratamientos que aprovechan las propiedades de los subproductos de la vid y el vino. Habitación doble: 235-265 €.

## Pont de Molins

EL MOLÍ
Ctra. Pont de Molins-Les Escaules, km 0,2.
Tel. 972 52 92 71
Restaurante de un hotel familiar que ocupa un molino de harina del siglo XVIII. Recetas ampurdanesas. Precio: **B**

## Roses

ALMADRABA PARK HOTEL****
Playa de La Almadraba, s/n.
Tel. 972 25 65 50
www.almadrabapark.com
Catalogado por la marca Relais du Silence. Se encuentra sobre un promontorio rocoso a pocos kilómetros de la población de Roses. Sus estancias, bien pertrechadas, han sido decoradas en un estilo funcional. Tiene una piscina prácticamente colgada sobre el acantilado. Habitación doble: 165-205 €.

EL BULLI
Cala Montjoi, Apdo. 30.
Tel. 972 15 04 57
Ferran Adrià, reconocido como el mejor cocinero del mundo, continúa demostrando que su cocina de autor es todo un ejercicio de sensibilidad y técnica. Cada uno de los entrantes, tapas y postres que integran su menú degustación constituye un desafío para el paladar. Precio: **A**

ELS BRANCS
Avda. Díaz Pacheco, 26.
Tel. 972 25 62 00
Elabora una cocina de autor que destaca por el respeto a la materia prima y el gusto por los sabores auténticos. Restaurante del hotel Vistabella. Precio: **A**

FLOR DE LIS
Cosconilles, 47.
Tel. 972 25 43 16
Armoniza recetas de la cocina europea con propuestas mediterráneas. Amplio repertorio de postres y bodega bien selecionada. Precio: **A**

LA LLAR
Ctra. Figueres-Roses, km 4.
Tel. 972 25 53 68
Ofrece recetas catalanas innovadoras inspiradas en el recetario francés. Especial atención a los quesos del país. Amplia lista de vinos. Precio: **A**

## Sant Feliu de Guíxols

CAN SALVI
Passeig del Mar, 23.
Tel. 972 32 10 13
Es un clásico en la zona. Su carta constituye un amplio recorrido por las recetas de pescado típicas del litoral. Además, buen surtido de arroces. Platos sencillos rebosantes de sabor marinero. Precio: **B**

## Sant Martí Vell

SANTUARI DE LA MARE DE DÉU DELS ÁNGELS
Tel. 972 19 02 05
Santuario mariano construido en el siglo XV en la cumbre del Puig Alt. Rescatado por una empresa, las estancias se rigen por normas hoteleras, así que se puede gozar de las playas en los días de verano y del frescor de las alturas en las noches. Pensión completa: 33 €.

## Sant Pere Pescador

CAN MAS
Ctra. d' Empúries, s/n.
Tel. 972 52 02 58
www.canmas.net
Una masía del siglo XVII situada a dos minutos de la playa. Ahora ofrece unas estancias confortables. Habitación doble: 72 €.

## Siurana

EL MOLÍ
Tel. 972 52 51 39 / 661 23 76 13
elmolidesiruana.com
Trato familiar y ambiente distendido. Éstas son las premisas de El Molí, una acogedora explotación ganadera en el corazón del Alto Ampurdán. Las estancias de la casa principal son amplias y sencillas. Habitación doble: 60-65 €.

## Torrent

MAS DE TORRENT*****
Afores, s/n. Tel. 972 30 32 92
www.mastorrent.com
Masía del siglo XVIII levantada sobre las ruinas de una villa romana. En su rehabilitación se respetaron las bóvedas y pavimentos originales, así como ciertos detalles toscanos. Ofrece alojamiento en unas coquetas habitaciones o en bungalós, generosos en equipamiento y con un jardín privado junto a la piscina. Habitación doble: 255-285 €.

MAS DE TORRENT
Afores, s/n. Tel. 972 30 32 92
Elabora recetas actuales de corte mediterráneo que se basan en el recetario catalano-ampurdanés. Bodega bien seleccionada. Precio: **A**

## Torroella de Montgrí

LA GAVIOTA

Passeig Marítim, 92 (L'Estartit). Tel. 972 75 20 19

Recetas marineras de la zona. Sabroso *suquet* de mero. Mariscos de calidad. Precio: **B**

## Tossa de Mar

CASTELL VELL

Plaça Roig i Soler, 2. Tel. 972 34 10 30

Recetas marineras muy apegadas al recetario tradicional catalán. Postres artesanales. Precio: **B**

LA CUINA DE CAN SIMÓN

Portal, 24. Tel. 972 34 12 69

Se encuentra frente a la muralla de Tossa de Mar. Antigua tasca remodelada donde se sirve cocina mediterránea clásica y moderna. Precio: **A**

## Vila-Sacra

MONASTERIO DE SANTA CLARA

Tel. 972 50 75 95

Moderno cenobio en el que las clarisas hacen vida contemplativa y en cuya hospedería reciben a quienes quieran compartirla con ellas. La regla es el silencio. Precio: la voluntad.

# Tarragona

## Alcanar

TANCAT DE CODORNIU

Ctra. N-340, km 1059. Tel. 977 73 71 94 www.tancatdecodorniu.com

Ubicado en el interior de una finca sembrada de naranjos. Estancias amplias y acogedoras, de aire minimalista. Hay una playita a unos 200 metros. Habitación doble: 110-130 €.

TALLER DE CUINA CARMEN GUILLEMOT

Colón, 26. Tel. 977 73 03 23

Sirve platos de perfil creativo fieles a sus orígenes. Buenos productos locales. Elabora su propio pan. Precio: **A**

## Sant Carles de la Ràpita

CASA RAMÓN CAN VÍCTOR

Pou de les Figueretes, 7. Tel. 977 74 14 58

Local de ambiente popular. Se aconsejan el arroz negro y los *suquets*. Pescados y mariscos de la costa. Bodega notable. Precio: **B**

VARADERO

Avda. Constitució, 1. Tel. 977 74 10 01

Elabora una cocina catalana de factura clásica. Sabrosas recetas marineras como el *suquet* de pescados y el rodaballo. Precio: **B**

## Tarragona

CIUTAT DE TARRAGONA****

Plaça Imperial Tarraco, 5. Tel. 977 25 09 99 www.sbhotels.es

Inaugurado en 1999 en pleno centro de la ciudad. Todas las habitaciones han sido bien insonorizadas y equipadas. Habitación doble: 75-116 €.

BARQUET

Gasómetre, 16. Tel. 977 24 00 23

Restaurante familiar donde triunfan los guisos marineros con los magníficos pescados de la costa. Recetas con toques de modernidad. Excelente bodega. Precio: **B**

LES COQUES

Baixada del Patriarca, 2 bis. Tel. 977 22 83 00

En su cocina de mercado no faltan las gambas rojas, las cigalas y los pulpitos. Magníficas materias primas. Precio: **A**

MERLOT

Cavallers, 6. Tel. 977 22 06 52

Ocupa una casa de estética modernista y ambiente elegante. Pescados de la costa en una cocina mediterránea y familiar. Bodega de calidad. Precio: **A**

## Tortosa

PARADOR DE TORTOSA****

Castell de la Zuda, s/n. Tel. 977 44 44 50 www.parador.es

Las cualidades del castillo de la Suda, tras su fortaleza, son la sobriedad y elegancia de los interiores. Habitación doble: 87-97 €.

# Índice general